アクティブ・ラーニングを位置づけた中学校数学科の授業プラン

江森 英世 編著

明治図書

はじめに
Introduction

　私は，教育は，子どもたち一人ひとりの幸せを願って，大人が子どもたちに，生きるうえで大切な何かを授けていく仕事だと思います。この考えに基づき，私は，これまで，子どもたちを幸せにするためには，「考える力」を育てる必要があることを強調してきました。どんなに裕福で，満ち足りた生活を過ごしても，心が不幸な人は大勢います。私たちが子どもたちの幸せを祈るならば，いかに物質的な援助をするかではなく，子ども自身が自分の人生をいかに受け止めることができるのかという考える力を育てなければならないはずです。奈良の高僧から授かった「受け止める心が決める幸不幸」のことばの通り，私は，子どもたち一人ひとりに自分の人生を肯定的に受け止めることのできる心，すなわち，考える力を授けたいと思います。そして，私がこの本の編著者を引き受けた最大の理由は，アクティブ・ラーニングという教育運動を教育の思想へと高めていく第一歩を読者のみなさんと共有したいと思ったからです。アクティブ・ラーニングという新しい教育思想で私たちが子どもたちに伝えたい思いは，「まわりの人を幸せにしないと，幸せになれないよ」ということだと思います。そこに「協働」という思想の本質があると私は考えています。

　本書はこんな私の教育観に賛同してくれた，たくさんの先生方の協力を得てつくられました。こんな本をつくりたいという思いと，私もぜひその仕事に加えてほしいという思いが結実し，まさに「協働」の名にふさわしい素敵な本ができました。

　第1章では，編著者である私が，第1項で「アクティブ・ラーニングとは何か」という基本的な問いに，「アクティブ・ラーニングはアクティブなラーニングではない」こと，「静まりかえった教室にもアクティブ・ラーニングは存在するという価値観を私たち教員一人ひとりが持つ必要がある」こと，そして，「アクティブにしたいのは生徒一人ひとりの学びたいという心と思考である」ことを示しました。アクティブ・ラーニングという教育思想が優れている点は，問題に立ち向かう気持ちと方法をセットで要求している点です。これまで理解や認知に傾き過ぎてきた数学教育に，情意と認知を融合させた新たな学習方法を提起している点がアクティブ・ラーニングのよさだと思います。そして第2項では，「中学校数学科におけるアクティブ・ラーニングの位置づけ」として，これまでの協同学習から協働学習への転換の必要性について述べました。第2章で展開される授業実践の具体的な提案に先駆け，ここでは，教師の問いの重要性について，「あなたの発問は生徒たちの学びたいという心と思考をアクティブにしているか」という問いとして，読者のみなさんに問いかけることにしました。協同学習から協働学習への転換には，「ともに学びたいという学級集団の意志を実現する」必要があります。そして本書では，「生徒たちのともに学びたいという飢えた心に火をつける」ための1つの方策として，「下手な方法で問題を解く活動を大切にする」ことを提唱しました。自分のもって

いる知識や経験のみを使って，下手な方法でもよいからまずは自力で問題を解決してみるという学習態度を育成することによって，生徒たちの心に，小さな自信と，もっと上手な方法を知りたいという意欲を喚起できると考えました。

　第2章では，第1章で示した私の考えに賛同してくれた，授業実践者の先生方が全国より集まって原稿を執筆してくれました。本書1冊の中に中学校数学科の全単元が網羅され，今まさに先生方が取り組んでいる授業の様子を読者のみなさんに紹介することができました。1時間の授業のために，授業をどのように計画準備し，実際の授業場面では，生徒たちとのコミュニケーションをいかに深化させていけばよいのかという工夫が，具体的事例の中で語られています。教師の問い，それを受け止める生徒たちの学習態度，間を取らせて考えさせ，生徒の発言を上手に授業に活かしていく姿が，臨場感豊かに紙面の中で語られています。そしてさらには，個別の原稿が編集企画者の矢口さんの手腕によって，見事につながり，3年間の個別の授業が1つのストーリーの中でうまく連鎖しています。

　第3章では，アクティブ・ラーニングにおける評価のポイントと評価の具体例について解説しました。評価のポイントで注意して欲しい点は，新しいアクティブ・ラーニングという教育思想を豊かなものに育て上げていくためにも，私たち教員が，お互いの授業をいかに評価すればよいのか，そして，生徒たちの数学的活動をいかに評価すればよいのかという視点が必要だということです。私たちは，一人ひとり弱い人間ですから，他者からの評価によって，自分の思想や行動に影響を受けやすいものです。教員集団が，例えば，校内研修で参観した授業の何を評価するかによって，その学校の授業の向かうべき姿が異なってくると思います。褒められた所は育ち，批判された所はうまく育ちません。古い教育観にとらわれて，これまでと同様の評価をしていては，新しい教育思想としてのアクティブ・ラーニングは，いつの間にか，また別の教育思想に取り換えられるだけの存在になってしまうでしょう。最初から理想通りにはいきません。でも，こんな所を伸ばしたいと思うなら，第3章で提案された新しい評価方法と向き合って，ゆっくりとアクティブ・ラーニングという教育思想を，私たちと一緒に育ててみようではありませんか。

　アクティブ・ラーニングという教育思想が実現させようとしている学級集団の姿は，「学びたい」という個々人の意志を学級全体の「ともに学びたい」という集団の意志に育て上げ，その意志を自ら実現しようとするたくましい共同体の姿です。

　そんな理想めいたことができるわけないと思わないで，未来を信じて理想を語りましょう。そして，その理想をなんとか私たちの手で実現しましょう。こうした一人ひとりの思いと力が結実することで，「協働」という大きな仕事ができ上がると，私たちは信じています。

2016年6月

江森　英世

もくじ
Contents

はじめに

第1章 アクティブ・ラーニングを位置づけた中学校数学科の授業づくり

1 アクティブ・ラーニングとは何か··8

2 中学校数学科におけるアクティブ・ラーニングの位置づけ··10

3 本書におけるアクティブ・ラーニングのとらえ··12

第2章 アクティブ・ラーニングを位置づけた中学校数学科の授業プラン

乗法の符号の決定方法を見つけよう！··14
（1年／数と式／正負の数）

図形のまわりの長さの計算方法を文字式で表そう！···18
（1年／数と式／文字と式）

マッチ棒の本数の求め方を伝え合おう！···22
（1年／数と式／文字と式）

選んだ3つの数字が解となる方程式を考えよう！···26
（1年／数と式／方程式）

表の比較を通して，変化の様子を読み取ろう！··30
（1年／関数／比例と反比例）

宝の場所を見つけよう！··34
（1年／図形／平面図形）

おうぎ形の面積の求め方を考えよう！ ……………………………………… 38
（1年／図形／平面図形）

正多面体はいくつあるのだろう？ ………………………………………… 42
（1年／図形／空間図形）

「つかみ取りゲーム」を企画しよう！ …………………………………… 46
（1年／資料の活用／資料の分析と活用）

「誕生日当て」の仕組みを探ろう！ ……………………………………… 50
（2年／数と式／式の計算）

いろいろな課題解決のよさを理解しよう！ ……………………………… 54
（2年／数と式／連立方程式）

2つの直線の交点の場所を見つけよう！ ………………………………… 58
（2年／関数／1次関数）

直角三角形に潜む正方形の秘密を探ろう！ ……………………………… 62
（2年／関数／1次関数）

図形の性質を，筋道立てて論理的に説明しよう！ ……………………… 66
（2年／図形／平行と合同）

畑の境界線を引き直そう！ ………………………………………………… 70
（2年／図形／三角形と四角形）

特殊さいころの和と確率について考えよう！ …………………………… 74
（2年／資料の活用／確率）

取り出した球の色はどうなる？ …………………………………………… 78
（2年／資料の活用／確率）

式をできるだけ速く展開しよう！ ………………………………………… 82
（3年／数と式／多項式）

面積が2㎠の正方形の1辺は何cm？ ……………………………………… 86
（3年／数と式／平方根）

ぴったり$\sqrt{5}$cmの長さの線分をかこう！ ……………………………… 90
（3年／数と式／平方根）

2次方程式の解き方をまとめよう！ ·· 94
（3年／数と式／2次方程式）

豆腐の容器をデザインしよう！ ·· 98
（3年／関数／関数 $y = ax^2$）

相似を利用していろいろな方法で証明してみよう！ ·· 102
（3年／図形／相似な図形）

辺の比を求めるためのポイントを考えよう！ ·· 106
（3年／図形／相似な図形）

条件に合う角度を見つけ出そう！ ·· 110
（3年／図形／円）

面積が3㎠，6㎠，7㎠の正方形はかけるかな？ ··· 114
（3年／図形／三平方の定理）

学校で購入する古語辞典を選ぼう！ ·· 118
（3年／資料の活用／標本調査）

第3章 アクティブ・ラーニングを位置づけた中学校数学科の授業の評価

1　アクティブ・ラーニングにおける評価のポイント ·· 124

2　アクティブ・ラーニングにおける評価の具体例 ·· 126

第1章

アクティブ・ラーニングを位置づけた中学校数学科の授業づくり

1

1 アクティブ・ラーニングとは何か

❶アクティブ・ラーニングはアクティブなラーニングではない

　アクティブ・ラーニングという言葉を用いて新しい授業観を確立しようとするとき，私たちが注意すべき最も大切な点は，アクティブ・ラーニングはアクティブなラーニングではないということです。Active という英単語と Learning という英単語を安易に結びつけると，私たちは，アクティブ・ラーニングを活性化された学習，あるいは，活動的な学習と捉え，活発さだけが売り物の"見せかけだけのアクティブ・ラーニング"に陥ってしまうことになります。

　文部科学省の用語集には，以下のようにアクティブ・ラーニングが規定されています。

　「教員による一方向的な講義形式の教育とは異なり，学修者の能動的な学修への参加を取り入れた教授・学習法の総称。学修者が能動的に学修することによって，認知的，倫理的，社会的能力，教養，知識，経験を含めた汎用的能力の育成を図る。発見学習，問題解決学習，体験学習，調査学習等が含まれるが，教室内でのグループ・ディスカッション，ディベート，グループ・ワーク等も有効なアクティブ・ラーニングの方法である」

　この文章に規定されているように，教室内でのグループ・ディスカッション，ディベート，グループ・ワーク等は有効なアクティブ・ラーニングの方法であって，アクティブ・ラーニングそのものではありません。読者のみなさんに注意していただきたい点は，アクティブ・ラーニングを導入するということが，即，上述のような諸活動を行うことではないということです。

　この本を手にとって，これからアクティブ・ラーニングについて学ぼうとされている先生方が最初に迎える岐路は，「アクティブ・ラーニングを導入するというけれど，私たちは，これまで通りの数学的活動を通した授業をきちんとやればよいのだ」という考え方に，「はい」と同意するか，「いいえ」と否定するかだと思います。学習指導要領の改訂の度に，我が国の先生方は常に新しい教育改善に向けた不断の努力を重ねてきました。数学的活動の導入にも，実に優れた多くの実践が蓄積されてきたことも確かです。ですから，**アクティブ・ラーニングという新しい教育思想が導入されたとしても，私たちは胸を張ってこれまでの教授・学習法を踏襲していけばよい**はずです。しかし，私は，過去の努力と成果を踏まえつつ，さらなる高みへと挑もうとするならば，今回の学習指導要領の改訂を契機として，学びの質と深まりを求めて自らの授業観を再構築する必要もあると思います。変革の激しい社会の中で生きていく一人ひとりの子どもたちの幸せを願い，もう一度，みなさんと一緒に教育を見直してみたいと思います。

❷静まりかえった教室にもアクティブ・ラーニングは存在する

　アクティブ・ラーニングをアクティブなラーニングと捉えてしまうと、静まりかえった教室には、活動的な学習は存在しません。しかし、アクティブ・ラーニングという教授・学習法を真の意味で成功させるためには、第一に、**「静まりかえった教室にもアクティブ・ラーニングは存在する」**という価値観を私たち教員一人ひとりがもつ必要があります。私が日頃より強調しているように、授業は学習者の頭の中で起きているとするならば、視覚的に観察されない、あるいは、聴覚的に観察されない、静かな授業にも、深い能動的な学習が個々の学習者の頭の中で展開されることがあるという認識をもつことが大切です。文部科学省の用語集では、アクティブ・ラーニングは、「教員による一方向的な講義形式の教育とは異なり、学修者の能動的な学修への参加を取り入れた教授・学習法の総称」と規定されていますが、この文章で否定されている「一方向的な講義形式の教育とは異なり」の文言は、「一方向的な」が否定されているのであり、「講義形式の教育」が全否定されているわけではないのです。

　私は、教育の基本はやはり教員の語りにあると思います。教員の語りに耳を傾け、教員の発問によって、生徒たちが自らの思考を深めていく、そんな教育こそアクティブ・ラーニングという言葉にふさわしい教育だと思います。アクティブ・ラーニングをただ単に活動を重視する学習法として捉えると、教員の語りを減らして、生徒たちの活動時間を増やす、そんな授業が増えてしまうのではないでしょうか。思考には静かな時間が必要です。その意味で、表面的な活発さだけに注目するような授業を目指すことがないように注意してほしいと願っています。

❸アクティブにしたいのは生徒一人ひとりの学びたいという心と思考

　アクティブ・ラーニングという教育思想を理解するうえで大切なことは、**アクティブという形容詞が活性化させようとしているものは何か、という問いに対して、自分なりの答えをもつ**ことです。今日さまざまな書籍や論評がみられますが、その多くは、学習活動の活性化という捉えです。しかし、それだけの理解では、アクティブなラーニングの推奨になってしまいます。新しい教育思想として私たちがアクティブにしたいのは、第一に「学びたいという心」、それも、「もっと学びたいという飢えた心」だと私は思います。そして第二に「生徒一人ひとりの思考」だと思います。もっと学びたいという心が活性化されなければ、生徒たちは自ら学ぼうとしません。しかし、自ら学ぶためには、考える力が必要です。このようにアクティブ・ラーニングという教育思想が優れている点は、問題に立ち向かう気持ちと方法をセットで要求している点です。これまで理解や認知に傾き過ぎてきた数学教育に、情意と認知を融合させた新たな学習方法を提起している点がアクティブ・ラーニングのよさなのです。

2 中学校数学科における アクティブ・ラーニングの位置づけ

❶ あなたの発問は生徒の学びたいという心と思考をアクティブにしているか

　私はこれまで「人が考えるとは，問いをもち，表し，意味づけし，表現することである」と述べてきました。授業が生徒たちの頭の中で起きているとするならば，活性化されるべきは，目に見える，あるいは耳に聞こえる生徒たちの活動ではなく，生徒一人ひとりの学びたいという心であり，深く考える思考です。アクティブ・ラーニングという教育思想は，情意と認知を融合した新たな学習方法を数学教育に求めているのです。ですから，活動を生徒にやらせるだけの教員であってはなりません。課題解決型の授業を成功させる最も重要な要因は，教員の問いが学習者の思考を本当の意味で刺激しているかどうかだと思います。「～をしてみよう」とか，「～を考えてみよう」と課題を提示しても，学習者が教員から発せられた問いを大切なものとして扱わなければ，課題解決型の授業は一向に深まりません。実験，実測，観察などの活動を促しても，教科書に書いてある程度の発見ならば，学習者は本気で観察したり考察したりはしてくれないのです。**「数学的活動を通して何を学ばせたいのか，活動後の学習はいかにあるべきか」という自問こそが，これまで培ってきた数学的活動の実践をアクティブ・ラーニングの実践へと発展させるポイント**だと思います。もちろん，私たちはこれまでにも，「数学的活動を通して，生徒たちの学びたいという心を育てたのか，生徒たちの思考は深められたのか」という問いと向き合ってきました。私たちは胸を張って，これまで通りの教育実践を積み重ねていくべきだと思います。しかし，未解決のこの難問にともに立ち向かいましょうという私たちの意志が，アクティブ・ラーニングという新しい教育思想の導入ということなのです。

❷ ともに学びたいという学級集団の意志を実現する

　これまでアクティブ・ラーニングが活性化させたいのは，一人ひとりの生徒の学びたいという心と思考だと述べてきました。しかし，これだけでは，教員が1人の生徒に向かう場面においても，目的が完結されることがあります。それゆえアクティブ・ラーニングという教育思想が，「ともに学びたいという心」を育て，「協働で問題を解決する能力」を育てる協働学習（collaborative learning）を強調している点を私たちは見逃してはいけません。私たちは，これまでも長年にわたり話し合い活動の重要さを数学教育の中で語ってきました。個人での閉じ

た学習の限界を認め、また、社会に出た後の他者と協同で問題を解決する能力の育成の必要性から、数学の問題解決を他者と協同で行う場面を設定してきました。ペア学習やグループ学習などは、そうした観点から推奨されてきた学習方法でした。しかし、およそ半世紀にわたるこうした話し合い活動に関する実践と研究において、常にその水面下にあったのが、他者と協同で問題を解決できたとしても、結局は個人の力で評価されるという冷ややかな感情です。そして一番の問題は、個人の力の限界を他者に求めるという協同学習（cooperative learning）の基本的な姿勢でした。協同学習を支える人間観に「個の力の弱さ」を認める否定的な考え方があったのだと私は思います。ですから、せっかく協同で（注：一緒にという意味）問題を解決できても、個に戻った際には個の弱さを払拭できないという脆弱さが、協同学習の教育観には内包されていたのです。アクティブ・ラーニングという教育思想が実現させようとしている学級集団の姿は、「学びたい」という個々人の意志を学級全体の「ともに学びたい」という集団の意志に育て上げ、その意志を自ら実現しようとするたくましい共同体（community）の姿です。それゆえアクティブ・ラーニングという教育思想には、その思想を実現させる場として、話し合い活動やグループ活動などの場が協働行為の出現の場として必要になるのです。ですから話し合い活動やグループ活動は、単に教員の指示による"やらされている学習"であってはなりません。私は、**話し合い活動もグループ活動も、まずは、個人の学習を強いることから始められるべきだ**と考えています。「誰ともしゃべらずに、まずは1人だけで考えてみよう」という規制をかけると、大人でも、そのうちむずむずしてきて、誰かと自分の考えを共有したくなる衝動が出てきます。一見するとアクティブ・ラーニングとは正反対の個別学習の強要が、生徒たちのともに学びたいという飢えた心に火をつけることもあるのです。

❸ 下手な方法で問題を解く活動を大切にする

　中学校数学科の授業構成を一概に語ることはできませんが、ある程度の危険を覚悟で申し上げるならば、数学の授業は「教員の発問→下手な方法で答えを出す→数学のしくみを考える」という流れが望ましいと考えています。中学校数学の問題は、算数の問題のように、数えたり、絵をかいたり、形をつくったりすると答えが求まるような問題ばかりではありませんが、可能なかぎり授業の早い時間帯で、下手な方法で答えを出すように、生徒の学習態度を習慣化する必要があります。下手な方法で解くことは、その時点で生徒たちがもっている知識と経験を使って問題を解くことを意味します。下手な方法でも解けるということは、自己肯定観を高めます。そして何よりも、もっと学びたいという心を育てます。そして、下手な方法で答えが出た後の新しい数学の創造は、何よりも生徒たちの思考を深めます。短い紙面で意を尽くせませんが、私は、中学校数学科におけるアクティブ・ラーニングの位置づけとして、**下手な方法で問題を解く活動の重視**をお勧めします。

3 本書における アクティブ・ラーニングのとらえ

　アクティブ・ラーニングの導入という提案は，新たな教育思想の提案であり，教育方法の提案ではありません。例えば，「グループ学習をしましょう」と言えば，生徒たちはグループでの学習を始めることができますが，「アクティブ・ラーニングの時間です」と呼びかけても，アクティブ・ラーニングを始められるわけではありません。先にも述べた通り，アクティブにしたいことは，「学びたいという心」と「生徒一人ひとりの思考」です。ですから私たちは，数学の学習として大切な学習過程を再度確認しながら，どのような学習過程において，生徒たちの学びたいという心と思考を活性化させられるのかを考えながら授業を行う必要があります。本書では，数学の学習として大切にしたい７つの学習過程として，①**体験する（観察，操作や実験などの活動を通して，事象に深くかかわる）**，②**発見する（事象へのかかわりを通して，問いを見いだす）**，③**説明する（根拠を明らかにし筋道立てて伝える活動を通して，思考を深める）**，④**利用する（身近な問題の解決に数学を利用する）**，⑤**振り返る（知識を再構成し，自分の思考を洗練し整理する）**，⑥**発展させる（新たな問いを見いだし，思考をさらに深める）**，⑦**協働する（ペアやグループでのかかわり合いを通して個人では解決できない課題を解決し，新たなアイデアを創発する）**を考えました。

　次章では，教育課程企画特別部会「論点整理」（平成27年８月）の「学習活動の示し方や『アクティブ・ラーニング』の意義等」で示された３つの視点を縦軸，学習過程を横軸とする下の表に基づき，アクティブ・ラーニングを位置づけた授業プランを紹介します。　　　　（江森　英世）

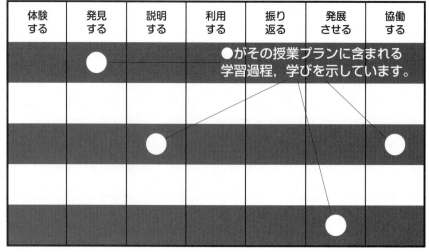

第2章

アクティブ・ラーニングを位置づけた中学校数学科の授業プラン

| 1年 | 数と式 | | 正負の数 |

乗法の符号の決定方法を見つけよう！

	体験する	発見する	説明する	利用する	振り返る	発展させる	協働する
習得・活用・探究という学習プロセスの中での，問題発見・解決を念頭に置いた深い学び		●					
他者との協働や外界との相互作用を通じて，自らの考えを広げ深める，対話的な学び							●
子供たちが見通しを持って粘り強く取り組み，自らの学習活動を振り返って次につなげる，主体的な学び					●		

1 授業のねらい

既習事項を活用して，負の数を含む2つの数の積を求められるようにする。

2 授業づくりのポイント

算数から数学の世界への導入となる正負の数は，今後の学びのカギを握る重要な単元です。数の範囲を拡張し，その必要性や意味を水位や気温の変化，左右の移動といった日常生活の具体的な場面と結びつけて指導していきます。ここでは，トランプの考え（黒は正の数，赤は負の数）を利用させる授業を紹介します。

本時は，「ジグソー法」を取り入れ，負の数を含む2つの数の積について考えさせていきます。前時までに学習した正負の数の加法・減法や算数の既習事項を活用し，生徒が符号の決定方法をはじめとする計算の仕組みを見つけ出す授業を展開します。「数学は楽しい。身近なものと関連している」と感じさせ，数学への意欲を高めていきます。

3 学習指導案

時間	生徒の学習活動	教師の指導・支援
3分	1 前時までの復習をする。	・52枚のトランプからランダムに2枚取り出す。黒のカードはプラス,赤のカードはマイナスとして2枚の数の和を計算させる(全員を順番に指名する)。
	課題1　$(-3) \times (+4)$の結果を考えよう。	
5分	2 まず個人で考える。次にペアで予想や考えを共有する。	・個人で課題1を考えさせた後,ペアで話し合わせる。
	課題2　負の数を含む乗法の符号の決定方法を考えよう。	
10分	3 $(-3) \times (+4)$の式を加法の式に直す。$(-3) \times (+4)$の答えをジグソー・グループ(JG)で考える。トランプの考えを利用して解く方法を見つけ出す。	・$5+5+5=5 \times 3$が成立することを確認する。そこから乗法の式を加法の式に変える方法を考えさせる。 ・乗法の式を加法の式に直す以外の考え方も出せるように支援する。 ・被乗数と乗数についてトランプでの考えを確認する(被乗数はトランプの色と数を表し,乗数は何枚もらうのか(渡すのか)を表している)。
10分	4 $(+3) \times (-4)$の問題を考え,答える。その後,$(-3) \times (-4)$の問題を考え,答える。	・乗法の式を加法の式に変えて考えるグループ,トランプの考えを利用して解くグループに分け,話し合わせる(エキスパート・グループ=EG)。
5分	5 エキスパート・グループで話し合ったことを発表する。	・各エキスパート・グループの代表に発表させる。
10分	6 2つの数の積の符号の決定方法をジグソー・グループで考える。	・乗法の式を加法の式に変える考え方,トランプの考えを利用して解く考え方を共有しながら考えさせる。
5分	7 ジグソー・グループで話し合ったことを発表する。	・各ジグソー・グループの代表から発表させる。
2分	8 本時の学習を振り返る。	・2つの数の積の符号の決定方法をまとめさせる。

4 授業展開例

前時までに，数直線やトランプを用いて正負の数の加減について学習しました。トランプは黒（クローバー，スペード）を正の数，赤（ダイヤ，ハート）を負の数として計算をゲーム感覚で行い，規則性をまとめ，演習をしてきました。

本時では，正負の数の乗法について考えさせます。既習事項を生かしながら，負の数を含む2つの数の積を求められるようにしていきます。

授業の最初にトランプを2枚ランダムに取り出し，計算させます。テンポよく，学級全員に答えさせ，加法の復習をします。

その後，課題1に入ります。

> **課題1** （－3）×（＋4）の結果を考えよう。

まず個人で考えさせ，その後ペアで意見を共有させると，以下のような意見が上がります。
「12になるのはわかるけど，符号が決まらない」
「2つの数は異符号なので，絶対値の大きい方のプラスを12につけたらいいと思う」
「－12になるという答えは知っているけど，なぜそうなるのか説明ができない」

そこで，次の課題を設定します。

> **課題2** 負の数を含む乗法の符号の決定方法を考えよう。

符号の決定方法の足がかりとして，5＋5＋5＝5×3であることを確認します。同じ数の加法は乗法に変えられること，また乗法は加法に変えられることに気づかせ，ジグソー・グループ（生活班に即した3～4人班）で課題に取り組ませます。

生徒A　（－3）×（＋4）は（－3）＋（－3）＋（－3）＋（－3）に式を変えられるので，答えは－12です。

生徒B　トランプで考えると，赤の3を4枚もらうということになります。赤のトランプはもらうと損するから符号はマイナスです。よって，答えは－12になります。

教　師　感覚をつかんできましたね。では，追加の問題を

出しますので，考えてみましょう。(＋3)×(－4)の答えを導いてください。

　ここからは，加法の式に直して考えるグループ，トランプを利用するグループ，の2つのエキスパート・グループに分かれて考えさせます。

生徒C　式を変えて，(＋3)－(＋3)－(＋3)－(＋3)だから，答えは－6かな…。
生徒D　黒の3を4枚とられるということだね。黒のトランプをとられると損するから，符号はマイナスになる。答えは－12ってことかな。
生徒C　さっき出した私の答えはおかしい気がする。
生徒E　確かに，符号はわからないけど，6って数は出てこないと思う。
生徒F　式の先頭の(＋3)にもマイナスをつけるんじゃないかな？
生徒C　本当だ。先頭の黒の3のトランプもとられるんだもんね。私も－12になりました。
教　師　では，もう1問考えよう。(－3)×(－4)はどうなるかな？
生徒C　今度こそ大丈夫。先頭にも注意して，－(－3)－(－3)－(－3)－(－3)＝＋12。
生徒D　赤の3を4枚とられるから得するね。答えは＋12です。
生徒G　わかってきたかも。
教　師　では，2つの数の乗法の符号の決定方法をまとめてみよう。2つの数の積を考えるとき，どんなパターンがあるかな？
生徒H　(正の数)×(負の数)，(負の数)×(正の数)，(負の数)×(負の数)の3パターンです。
生徒I　小学生のころの内容だけど，(正の数)×(正の数)もありました。
教　師　そうですね。4つのパターンがありますね。符号はそれぞれどうなりますか？

　この後，2つの数の積の符号の決定方法をジグソー・グループでまとめ，発表させます。

生徒J　(正の数)×(負の数)はマイナス，(負の数)×(正の数)もマイナスです。
　　　　(負の数)×(負の数)はプラス，(正の数)×(正の数)もプラスです。
生徒K　2つの数の積を求めるとき，同符号の積では絶対値の積に正の符号をつけ，異符号の積では絶対値の積に負の符号をつければよいことがわかりました。

　これで，「負の数を含む2つの数の積を求められるようになる」という本時のねらいにたどり着くことができました。
　次時以降，左右の移動や乗数を1ずつ減らしていく考えでも2つの数の積の符号が決まることを紹介していきます。

（松尾　賢宏）

| 1年 | 数と式 | 文字と式 |

図形のまわりの長さの計算方法を文字式で表そう！

	体験する	発見する	説明する	利用する	振り返る	発展させる	協働する
習得・活用・探究という学習プロセスの中での，問題発見・解決を念頭に置いた深い学び	○	○					
他者との協働や外界との相互作用を通じて，自らの考えを広げ深める，対話的な学び			○				○
子供たちが見通しを持って粘り強く取り組み，自らの学習活動を振り返って次につなげる，主体的な学び					○		

1 授業のねらい

> 文字式を使って図形のまわりの長さの計算方法を多様に表すことができるようにする。

2 授業づくりのポイント

　生徒は，小学6年までに，xなどの文字を使って数量関係を式で表したり，文字に当てはまる数を求めたりすることを学習しています。また中学校では，前時までに文字式の表し方の約束，1次式の計算の仕方について学習してきました。

　それらの学習後，本時では，図形のまわりの長さの計算方法を多様な見方で考えさせます。学習形態としては，個人で思考した後，グループで自分の計算方法（見方・考え方）を説明させます。1年生にとって，計算方法を文字式で表すのは難しいことですが，具体的な数の計算から変化する数量に着目させ，文字式で表すことにつなげます。また，文字式で表すことで，自分の計算方法を明瞭簡潔に表せるというよさにも気づかせたいところです。

3 学習指導案

時間	生徒の学習活動	教師の指導・支援
5分	1 既習事項の復習をする。 2 課題1を知る。	・数と文字 n を使った2つの数量関係を文字式で正しく表現できるよう，復習問題を解く。 ・今回も文字は n を使って考えることを伝える。
	課題1 1辺3cmの正三角形の紙を右図のように重ねてはり合わせていきます。正三角形を n 枚はり合わせたときにできる図形の周の長さを n を使った式で表してみよう。 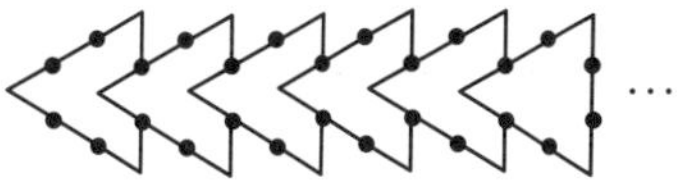	
15分	3 まず，個人で考える。次に，全体で予想や考えを共有する。 ・計算の式は，単位cmや枚，個を使って表す。 ・指名された生徒の説明を聞いて正三角形の枚数を n 枚としたときの図形のまわりの長さは n を使った文字式で表されることを共有，確認する。	・生徒一人ひとりに1辺が3cmの正三角形を5枚ずつ配り，実物を重ね合わせながら考えさせる。 ・どのような計算の仕方で求めたのか，正三角形の枚数が1枚，2枚，3枚…のときの計算の式から文字式を考えさせるようにする。 ・指名した1人の生徒に発表，説明させる。 ・発表生徒の見方・考え方がわかりやすくなるように，それぞれの数字の表す単位を確認する。 （例）$n=3$（枚）のとき，正三角形の重なりは2個。よって9（cm）×3（枚）−3（cm）×2（枚）=21（cm） 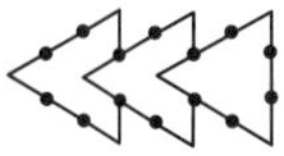
15分	4 課題2を知る。	
	課題2 Aさんとは別の計算方法を考え，n を使った式で表してみよう。	
	5 4人グループで，ワークシートを使って別の計算方法を考え，文字式で表す。 ・課題1で発表した生徒とは異なる考え方をした生徒の説明を聞いて，ワークシートにかき込む。 ・他の計算方法を話し合う。	・1辺の長さが3cmの正三角形が3つはり合わされている図がかれたワークシートに，どのように計算したのかが見てわかるようにかき込みをさせるようにする。 ・課題1で発表した生徒と異なる考え方の生徒の式を説明させる。その際，相手にわかりやすく話すように促す。 ・他の生徒の説明を聞いて，わからないところがあれば必ず質問させるようにする。
13分	6 全体で考えを共有する。 ・いろいろな見方・考え方で求めても，すべて同じ文字式になることを確認する。	・課題1で発表した生徒と異なる考え方を発表させる。聞き手が理解しやすいように，話し方や黒板の書き方を工夫させる。聞き手には，わからないところがあれば必ず質問させる。
2分	7 本時の学習を振り返る。	・具体的な数で計算して，最終的には文字式を考えられたかどうか，まだ納得できないところや自信がないところについても書かせる。

4 授業展開例

まず，次のような数量関係を表す文字式の復習問題を扱いました。

> ① 1つ100円のおにぎり n 個の代金
> ② 1個80円のみかん n 個と1個120円のりんご1個の代金の合計
> ③ 1000mLのミルクを150mLずつ n 杯飲んだときの，残りのミルクの量
> ④ 長さ n mのリボンを5人で等しく分けたときの，1人分の長さ

数量関係を文字式で表させ，文字式の表し方のルールについて確認したところ，③④で戸惑う生徒が見られました。小学校では文字にあてはまる数を求める未知数として文字を学習してきているので，変数としての文字の表し方になじめていないわけです。そのような生徒には，図をかいて数量関係を把握し，変化する数量を文字で表すことが有効であることを伝えました。このようにして，数量関係を視覚化することが立式の手がかりになることと，文字式の表し方の約束をしっかりと押さえたうえで，本時の課題に入ります。

本時は，文字 n を用いることを伝えて，課題1に入りました。

> **課題1** 1辺3cmの正三角形の紙を下図のように重ねてはり合わせていきます。正三角形を n 枚はり合わせたときにできる図形の周の長さを n を使った式で表してみよう。
>
>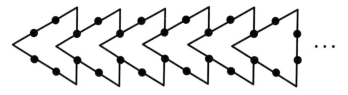

まず，個人で考えさせます。最初から n の式を考えさせるのではなく，生徒一人ひとりに1辺が3cmの実物大の正三角形の紙を配り，実際にはり合わせて考えさせます（正三角形には1cmの間隔で点が打ってあります）。

具体的に正三角形が1枚，2枚，3枚…のときの周の長さを求めていくと，正三角形が何枚になってもある決まった計算式で求められることに気づいてきます。単位を入れると説明しやすいことに気づく生徒もいます。

ここで，1人の生徒（Aさん）を指名し，$n=3$ の場合について説明させます。

生徒A　9cm（正三角形3辺）が3枚と，3cmの重なり（右図の太線部分）が2個あるから，$9×3-3×2=21$ cm。

Aさんの例で，変化する数の代わりに文字 n を使って式を求めることができる（$9×n-3×(n-1)$）ことを共有，確認して，課題2につなげました。

今度はワークシートの図を補助的に使い，グループで各自の考えを説明したり，新たな見方や考え方を発見して立式したりして，多様な見方・考え方を引き出していきます。

課題2　Aさんとは別の計算方法を考え，n を使った式で表してみよう。

全体で異なる考え方を共有します。

生徒B　3cmが $2n$ 個と右端の3cmが1つと考えると，$3×2n+3$ となります。

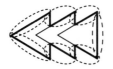

生徒C　Bさんと似ていますが，少し違って，$3n$ が2つと右端の3cmと考えました。$3n×2+3$ です。

生徒D　縦に分けて考えました。6cmが n 個と右端の3cmが1つだから，式は $6×n+3$ となります。

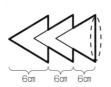

生徒E　Bさん，Cさんと考え方は似ています。私は，3cmが（$2n+1$）個あると考えました。式は $3×(2n+1)$ です。

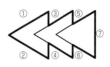

ここでは，あらかじめ正三角形を3つはり合わせた図が6つ印刷されたワークシートを使いましたが，その図に太線や点線，番号などをかき込んだうえで式を考えさせることが効果的でした。また，考え方の違いが式に表れますが，計算するとみな同じ $6n+3$（cm）になることも実感させることができました。

次時には，他に調べたいことを生徒に問い，全体の面積や重なった部分の面積などをあげる生徒がいたので，それらを課題として追究しました。

（板橋眞紀子）

| 1年 | 数と式 | | 文字と式 |

マッチ棒の本数の求め方を伝え合おう！

	体験する	発見する	説明する	利用する	振り返る	発展させる	協働する
習得・活用・探究という学習プロセスの中での，問題発見・解決を念頭に置いた深い学び		●					
他者との協働や外界との相互作用を通じて，自らの考えを広げ深める，対話的な学び			●			●	
子供たちが見通しを持って粘り強く取り組み，自らの学習活動を振り返って次につなげる，主体的な学び					●		

1 授業のねらい

　文字式を利用して，マッチ棒の本数の求め方を説明したり，マッチ棒の本数を求める式を読み，マッチ棒の求め方を読み取ったりできるようにする。

2 授業づくりのポイント

　正方形に並べたマッチ棒の本数の求め方を，図にかき込みをしながら式で表させ，その求め方を4人グループで説明し，伝え合います。この過程で，マッチ棒の本数の求め方には多様な見方・考え方があることを理解させ，思考力を高めていきます。さらに，マッチ棒の本数の求め方を説明するだけでなく，求める式を読み，図と関連づけて，言葉で説明させます。友だちの説明を相互評価する場面を設定することで，表現力を高めていきます。また，求める式の同類項をまとめると同じ式になることを確認し，文字式の有用性を味わわせます。

3 学習指導案

時間	生徒の学習活動	教師の指導・支援
5分	1 正方形を3個つくるときのマッチ棒の本数を求める。	・正方形が3個のときのマッチ棒の本数の求め方を図に記し，求める式と関連づけて説明させることにより，課題1に取り組む手がかりとする。
	課題1　正方形を x 個並べたときのマッチ棒の本数の求め方を説明しよう。	
15分	2 マッチ棒の本数の求め方を考える。	・マッチ棒を並べた図に印をつけたり，囲んだりして，マッチ棒の本数を求める式や，求め方の説明を記述するように指示する。 ・机間指導により，生徒の学習状況を把握し，個に応じたアドバイスを与える。
10分	3 4人グループになり，求め方を伝え合う。	・円滑に生徒全員が説明することができるように，グループ内で進行役を決め，図と求める式を関連づけてマッチ棒の本数の求め方を説明するように指示する。
	課題2　マッチ棒の本数を求める式を読み，その求め方について説明しよう。	
10分	4 1人の生徒がマッチ棒の本数を求める式を発表する。他の生徒がその式を読み，図にかき込みながら，求め方を説明する。	・友だちが示した式を読み，図にかき込みをしながら，言葉で説明するように指示する。 ・ 理解 （よく理解できた）， 工夫 （よりわかりやすくなる工夫がある）という2枚のカードを用意しておき，説明を聞いた生徒にどちらかのカードを提示して意見を述べさせるようにする。
5分	5 マッチ棒の本数を求める式をまとめる。	・多様な求め方があり，それぞれ式の形が異なっていても，同類項をまとめると同じ式になることを押さえ，式表現のよさを実感させる。
5分	6 本時の振り返りをする。	・自らの説明や友だちの説明から学んだことなど，本時の学習をまとめる。

4 授業展開例

　まず，課題1に取り組みやすくするために，「正方形が3個のとき，マッチ棒の本数を求める式をかき，図を使って考え方を示しなさい」という問いを出しました。正方形が3個のときのマッチ棒の本数の求め方を図に記すことで，図と式を関連づけることができました。

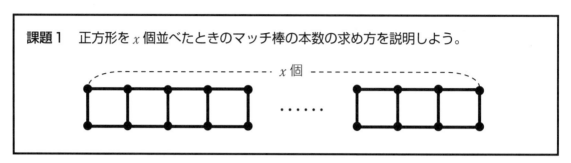

課題1 正方形を x 個並べたときのマッチ棒の本数の求め方を説明しよう。

　次に，正方形が3個のときのマッチ棒の本数の求め方を基に，正方形が増えることで変わるものと変わらないものを意識させ，正方形が x 個のときのマッチ棒の本数の求め方を考えさせます。式だけ書いて終わっている生徒には，式の一つひとつがどのような数量を表しているのか説明を書き加えるように指示します。

　続いて，マッチ棒の本数の求め方を，4人グループで伝え合わせます。説明に自信のない生徒には，他の生徒の説明を聞き，その説明を参考にして自分の説明をするように指導します。友だちの説明をただ聞くのではなく，よいと思ったら自分の説明に積極的に取り入れるように指導するわけです。小集団で伝え合い，自らの説明が友だちに伝わる経験をさせることで，生徒は説明することに自信をもち，授業への参加意欲が高まります。

課題2 マッチ棒の本数を求める式を読み，その求め方について説明しよう。
① $1+3x$　② $4+3(x-1)$　③ $2x+(x+1)$　④ $4x-(x-1)$

　4人グループで全員がマッチ棒の本数の求め方を説明した後，学級全体で求める式を読みます。1人の生徒が式を発表し，他の生徒がその求め方を図に示し，言葉で説明します。その説明を聞いて，残りの生徒が 理解 （よく理解できた）， 工夫 （よりわかりやすくなる工夫がある）のどちらかのカードをあげて評価します。教師は，あげているカードを見て生徒を指名して，それぞれ理由を尋ねます。生徒の言葉で，その説明のよいところ，工夫するとよりわかりやすくなるところを伝え合い，生徒同士で説明する力を高めていきます。

　なお「このへん」などと指示語で説明する生徒が少なくありません。「左端，上下，左右，重なっている」等位置を表す言葉を正確に用いるよう指導するのは教師の大切な役割です。

教　師　今，4人グループで正方形を x 個つくるときのマッチ棒の本数の求め方を説明し合いました。これから，マッチ棒の本数を求める式を発表してもらい，その式を読んで求め方を説明してもらいます。聞いている人は，その説明が理解できたら，理解のカードを，工夫があればよりよい説明になると思ったら，工夫のカードをあげてください。

生徒A　僕が考えた式は，「$1+3x$」です。
　　　（考える間を取ったうえで生徒を指名）

教　師　Bさん，「$1+3x$」は，どのように考えたのか，言葉で説明してください。

生徒B　Aさんの式を読んで，右のように図にかき入れました。左端の縦の棒が1本，コの字型をした3本のまとまりが x 個できるから，式は「$1+3×x$」となり，文字式では×を省くので，式は「$1+3x$」となります。

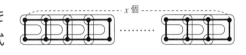

教　師　Bさんの説明を聞いて，理解，工夫のどちらかのカードをあげてください。

教　師　Cさんは理解のカードをあげています。その理由を聞かせてください。

生徒C　式「$1+3x$」の1が表している部分を「左端の縦の棒」と，図を指して説明していたところがわかりやすいと思いました。

教　師　では，他にマッチ棒の本数を求める式を発表してください。

生徒D　私が考えた式は，「$4+3(x-1)$」です。
　　　（考える間を取ったうえで生徒を指名）

教　師　Eさん，この式はどのように考えたのか，言葉で説明してください。

生徒E　1つめの正方形は辺が4本なので4です。2つめ以降の正方形の数は $x-1$ 個だけど，正方形の中に，2回計算している部分があるので，その部分をひいてマッチ棒の本数を出すと，「$3(x-1)$」です。

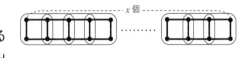

教　師　Eさんの説明を聞いて，理解，工夫のどちらかのカードをあげましょう。

教　師　Fさんは，工夫のカードをあげています。その理由を聞かせてください。

生徒F　「2回計算している部分」を，「となり合う正方形で重なる辺」と説明した方がわかりやすくなると思います。

教　師　Fさん，よいところに気づきました。

　授業の終末には，マッチ棒の本数の求め方を表す式の同類項をまとめ，すべて $1+3x$ となることを確認し，文字式の有用性を味わわせます。

（三戸　学）

1年　数と式　方程式

選んだ３つの数字が解となる方程式を考えよう！

	体験する	発見する	説明する	利用する	振り返る	発展させる	協働する
習得・活用・探究という学習プロセスの中での、問題発見・解決を念頭に置いた深い学び		●					
他者との協働や外界との相互作用を通じて、自らの考えを広げ深める、対話的な学び							●
子供たちが見通しを持って粘り強く取り組み、自らの学習活動を振り返って次につなげる、主体的な学び					●		

1 授業のねらい

方程式を解いたりつくったりする活動を通して、方程式の仕組みに対する理解を深めさせる。

2 授業づくりのポイント

生徒は、前時までに方程式の解き方をひと通り学習しました。移項して x の項を左辺、定数項を右辺にまとめ、x の係数で両辺をわることで x の値を求める基本的な代数計算は身についています。

本時は、ゲーム性のある課題を通して方程式の仕組みに対する理解を深めさせます。「三角形（p.28課題１参照）の頂点の円中にある１次式を等号で結び、それぞれの方程式の解を各辺に書き入れる」「三角形の頂点の円中に自由に１次式を書き入れ、それぞれの方程式の解を各辺に書き入れる」「グループで決めた３つの数字を各辺に書き入れ、それを満たす１次式を考

えて三角形の頂点の円中に書き入れる」という一連の活動を行います。本時のねらいは，「方程式を解く」とは，両辺の値が等しくなる x を求めることであり，そのような x はただ 1 つに決まる，ということに気づかせることです。両辺の式の値が等しくなるような x の値を求めることは，1 次方程式のみならず，2 次方程式，さらには三角方程式や対数方程式などすべての方程式の基本であり，それこそが方程式の本質であることを理解させたいものです。

3 学習指導案

時間	生徒の学習活動	教師の指導・支援
3分	1　前時の復習をする。	・前時までに学習した方程式の解法を，1題解いて復習する。
5分	2　課題1を自力解決する。	
	課題1　三角形の各頂点の円中にある1次式を等号で結んでできる方程式の解を，各辺上の□に書こう。	
		・例題の解法を共有することを通して，方程式の解法を再確認する。 ・答え合わせはとなり同士でさせる。 ・1つの円と2つの解が空欄の問題も解かせる。
15分	3　3人組で課題2に取り組む。	
	課題2　各頂点の円中に自由に1次式を書き，方程式を解いて三角形を完成させよう。	
		・いくつかのグループに，できた三角形を小型のホワイトボードを用いて発表させる。
20分	4　3人組で課題3に取り組む。	
	課題3　1人1つの数字を選び，選んだ3つの数字が解となるような三角形をつくろう。	
		・3人組での話し合いを通して考えさせる。 ・時間を区切って，他のグループの活動を偵察してもよいこととする。
5分	5　各グループで1題，小型ホワイトボードに書いたものを黒板に掲示し，学級全体で共有する。	・各グループの発表をノートに写し，各自正しいことを確認する。
2分	6　本時の学習を振り返る。	・家庭学習の課題として，三角形または四角形をつくり，次回の授業で提出させる。

4 授業展開例

方程式の解き方をひと通り指導した後,その復習を兼ねて行う授業です。

課題1　三角形の各頂点の円中にある1次式を等号で結んでできる方程式の解を,各辺上の□に書こう。

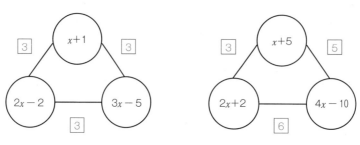

　3つの円をかき,その中に x の1次式を書きます。そして3つの円を線分で結び,それぞれの円の中にある1次式を等号で結んで方程式をつくり,その解を線分上に書きます。はじめは教師が1題黒板上で例題を示し,生徒には各自ノートに写しながら手順を確認させます。

　答え合わせはとなりの生徒と行い,答えが合わない場合は前後で確認させます。

　次に,1つの円と2つの解が空欄になっている問題を解かせます。個別解決の時間を取り,その後となりの生徒と答え合わせを行います。

　続く課題2は,3人組で三角形を自由につくる活動です。

課題2　各頂点の円中に自由に1次式を書き,方程式を解いて三角形を完成させよう。

　3人組になり,話し合いを行いながら,1つの三角形をつくります。その過程で,方程式の解き方も復習しながら作業を進めます。でき上がったら,いくつかのグループに前に出て小型のホワイトボードで発表してもらいます。

課題3　1人1つの数字を選び,選んだ3つの数字が解となるような三角形をつくろう。

　ここでも,3人組で考えさせます。考える際には,小型のホワイトボードを机の真ん中に置き,議論をさせるようにします。

　以下は,1,2,3を解として選択したグループのやりとりです(生徒の実態に応じて,解

となる数字やその位置はあらかじめ教師が示すことも考えられます)。議論に行き詰まりが見られた場合は，3分間など時間を決めて，他のグループの解決の様子を偵察するよう教師から促します。

生徒A　解の位置はこう決めよう（右図）。
生徒B　円の中はどこから決めていこうか？
生徒C　上の円に x を入れたらどうかな？
生徒D　次はどうする？
生徒B　左下の円を考えてみよう。
生徒A　x と等号で結んで解が1になるんだから，例えば $2x-1$ でもいいよね。
生徒B　$2x-1$ とすると，最後の円に入る式はどうなるんだろう…？
生徒A　$x=2$ のとき x と同じ値（2）になり，$x=3$ のとき $2x-1$ と同じ値（5）になる1次式を考えればいいってことだよね？
生徒C　その式をどうやって求めればいいんだろう…？
教　師　今から3分間，他のグループを偵察してもいいよ。
生徒B　1班のやり方を偵察してきたんだけど，とりあえず片方の関係を満たす式をたくさん書き出してたよ。
生徒A　なるほど，そんなやり方があるんだね。
生徒B　$x=3$ のとき，式の値が5になるのは，$2x-1$，$3x-4$，$4x-7$，$5x-10$…
生徒C　そうか，これらの式に $x=2$ を代入していって，式の値が2になる場合を見つければいいんだ！
生徒A　最後の円の中に入る式は，$3x-4$ ってことだね！

その後，すべてのグループのホワイトボードを黒板に貼り，いくつかの班の代表者に前に出て発表してもらいます。

5 評価について

その日の課題として，今日学習した方程式の三角形（または四角形）をつくり，次の授業で提出させます。それを授業のはじめにとなり同士交換して正しいかどうかを確認させます。この取り組みを関心・意欲・態度の評価に加えます。

【参考文献】
・Foster, Colin. 2012. "Connected Expressions." Mathematics in School 41(5) : 32-33

（高山　琢磨）

1年　関数　比例と反比例

表の比較を通して，変化の様子を読み取ろう！

	体験する	発見する	説明する	利用する	振り返る	発展させる	協働する
習得・活用・探究という学習プロセスの中での，問題発見・解決を念頭に置いた深い学び		○					
他者との協働や外界との相互作用を通じて，自らの考えを広げ深める，対話的な学び			○				
子供たちが見通しを持って粘り強く取り組み，自らの学習活動を振り返って次につなげる，主体的な学び					○		

1 授業のねらい

> 表から具体的な事象の様子を読み取らせ，変域とその表し方について理解させる。

2 授業づくりのポイント

　生徒は，小学6年までに，数量の関係を□，△，a，xなどを用いて式に表しそれらに数を当てはめて調べたり，変化の様子を折れ線グラフで表し変化の特徴を読み取ったりすることを学習しています。また，前時までに関数関係の意味や$y = ax$という式で表せる関係が比例であることを学習しました。

　そして，本時は2種類の水槽に一定の割合で水を入れていく様子を表している表を問題として提示し，表から違いや共通点などを読み取る活動を通して，変域について理解させていきます。指導法として「問題解決の授業」を行い，自分なりに考える個人思考の場面を設定したうえで，全体で課題を明らかにしながら集団解決できるよう授業を構築していきます。

3 学習指導案

時間	生徒の学習活動	教師の指導・支援
7分	1　問題を把握する。	・2種類の水槽に一定の割合で水を入れていくことをイメージさせながら問題を提示する。

> **問題**　2つの水槽に一定の割合で水を満杯になるまで入れます。
>
> A
>
> | x（分） | 0 | 1 | 2 | 3 | 4 | 5 | 6 |
> |---|---|---|---|---|---|---|---|
> | y（cm） | 0 | 5 | 10 | 15 | 20 | 25 | 30 |
>
> B
>
> | x（分） | 0 | 1 | 2 | 3 | 4 |
> |---|---|---|---|---|---|
> | y（cm） | 0 | 15 | 30 | 45 | 60 |
>
> 2つの表からどんなことに気づきますか。

時間	生徒の学習活動	教師の指導・支援
3分	2　まず個人で考える。自分の考えをノートに記述する。	・「同じ」「違う」という2つの視点から、気づいたことをノートに書かせる。 ・机間指導で生徒の考えを把握し、指名する順番を決めておく。
10分	3　挙手をして、自分の考えを発表し、全体で考えを共有する。	・2つの視点を確認しながら、生徒の考えを取り上げていく。
20分	4　多様な考えから、解決すべき事柄を明確にして、課題として把握する。	・適宜、問い返しながら、思考の幅を広げたり深めたりするとともに、課題を設定する。

> **課題1**　水槽はどんな形をしているのだろうか。

		・水槽の形をノートにかかせる。底面の形や高さなどを生徒とやりとりをしながら確認する。

> **課題2**　満杯になるまでの時間や水槽の深さの範囲を表そう。

		・x, yや不等号を使うことを確認する。 ・誤答などを取り上げながら、変域の表し方について確認する。
3分	5　本時の学習を振り返る。	・≦, <の違いについて確認するとともに、変域という用語や数直線での表し方について、教科書を用いてまとめをする。
7分	6　練習問題に取り組む。	・学級の身長の話題を取り上げ、列の先頭と最後尾の身長を確認する。学級の身長 x cmの変域について表させる。 ・教科書にある練習問題に取り組ませて、定着を図る。

4 授業展開例

前時までに，小学校で学習してきた内容を想起させながら，提示する問題に具体的な事象を盛り込み，「関数関係にある２つの数量の意味」「式が $y=ax$ の形で表せるとき，y は x に比例すること」「比例の式と表との関連づけ」について学習を進めてきました。

本時は，表の比較を通して具体的な事象の様子を読み取ることで，変域について見いだしていくことをねらいとしているため，次に示す問題を提示することから授業を始めました。

問題 ２つの水槽 A，B に一定の割合で水を満杯になるまで入れたとき，時間を x 分，深さを y cm とすると，次のような表ができました。

A

x (分)	0	1	2	3	4	5	6
y (cm)	0	5	10	15	20	25	30

B

x (分)	0	1	2	3	4
y (cm)	0	15	30	45	60

２つの表からどんなことに気づきますか。

生徒に問題を明確に把握させるために，異なる２つの水槽をイメージさせるとともに，一定の割合で水を入れることの意味について，生徒とやりとりをしながら段階的に提示していきました。その後，数分個人思考の時間を設定し，ノートに自分の考えを書かせました。２つ程度考えを書いたところで手が止まっている生徒が多くいたため，「２つの表を比べて，同じところと違うところを見つけてみよう」と全体に投げかけ，思考を進める２つの視点を与えました。その結果，机間指導の中で次のような考えを把握しました。

- x が増えると，y も増えている ●水槽の形が違う ●比例定数が違う ●式が違う
- 満杯になるまでの時間が違う ●満杯のときの深さが違う ●水槽の横の長さが違う
- 体積が違う ●グラフの傾きが違う ●４分までの水の量が同じ
- $x=0$ のとき $y=0$ ●両方とも比例している ●両方とも関数

考えを取り上げる際は，自由に挙手をさせ，ランダムに指名しました。ただ，たくさんの考えがノートに書かれていたため，２つの視点のどちらに分類されるかを確認したり，生徒の考えに対して適切に問い返しをしたりしながら取り上げていきました。例えば，「同じところなのですが，$x=0$ のとき $y=0$ になっている」という考えが出された際，「これってどんなことを表しているのかな？」と問い返すことで，「あっ！ はじめは水槽が空ってことだ」という反応を引き出すなど，生徒とやりとりをしながら全体で意味を確認していきました。

そして,「水槽の形が違う」という考えが出された際に,「どんな形になるだろうか?」と問い返すと,考え込む様子が見られました。そこで,次に示す課題1を設定しました。

| 課題1 | 水槽はどんな形をしているのだろうか。 |

1,2分程考えさせた後に,指名して実際に図を黒板にかかせました。

生徒A　こんな感じ（右図）の水槽になると思います。
教　師　みなさんこんな感じの水槽でよいですか？
生徒B　いや,長さがない。
教　師　では,長さを書き込んでください。

生徒B　BはAの2倍の深さになります。
教　師　なるほど,表から深さが読み取れますね。他に読み取れませんか？
生徒C　横の長さが違う。
教　師　どうなりますか？
生徒C　長さはわからないけど,1分間で入る水の深さを考えるとAはBの3倍になります。
生徒D　でも,奥行きが違ったり,底面の形が同じとは限らないんじゃないかな？
全　員　そうだ。う〜ん…。
生徒E　Bの底面積を$S\,\text{cm}^2$とすると,Aの底面積を$3S\,\text{cm}^2$と表せばいいと思います。
全　員　お〜,すごい。なるほど！

このような集団解決を通して,表から具体的な事象を読み取る力を高めることができました。続いて,次のような課題2を設定し,変域の意味理解に迫りました。

| 課題2 | 満杯になるまでの時間や水槽の深さの範囲を表そう。 |

この場面では,自力で進めることのできる生徒と手の止まってしまう生徒がはっきりと分かれました。そこで,できている生徒に「ヒントを出してください」と投げかけ,「不等号を使う」「x,yを使う」などのヒントを全体で共有しました。数分後,意図的に「$0<x<6$」「$0≦x≦6$」という2つの考えを板書し,「どっちが正しい？」と問いかけました。議論になりましたが,教科書を開いて変域や不等号を用いた表し方について確認しました。

最後に,練習問題として,整列した際の列の先頭と最後尾の生徒の身長を聞き出し,学級の身長の変域について不等号を用いて表しました。

その後,教科書にある練習問題に取り組ませて授業を終了しました。　　　　　（菅原　大）

| 1年 | 図形 | | | | 平面図形 | |

宝の場所を見つけよう！

	体験する	発見する	説明する	利用する	振り返る	発展させる	協働する
習得・活用・探究という学習プロセスの中での，問題発見・解決を念頭に置いた深い学び				●			
他者との協働や外界との相互作用を通じて，自らの考えを広げ深める，対話的な学び			●				●
子供たちが見通しを持って粘り強く取り組み，自らの学習活動を振り返って次につなげる，主体的な学び					●		

1 授業のねらい

これまでに学んだ作図を活用できるようにする。

2 授業づくりのポイント

　生徒は，これまでに線分の垂直二等分線の作図や角の二等分線の作図について学習をしています。これらの作図を活用するうえで，「宝の場所を見つける」という課題を設定して学習意欲を高め，学びたいという気持ちが大きくなるように工夫しました。
　また，本時は主体的で協働的な学びをつくり出す学習法をアクティブ・ラーニングととらえ，「知識構成型ジグソー法」を用いた授業を行いました。生徒は「エキスパート活動」で手がかりとなる内容を考え，「ジグソー活動」でそれらを組み合わせることで問題を解決していきます。一人ひとりが自分の考えをもち，それらをもち寄って説明し合い，統合して答えをつくり合いながら学ぶことができます。

3 学習指導案

時間	生徒の学習活動	教師の指導・支援
3分	1 本時の課題と学習方法を知る。	・本時の学習方法を伝えるとともに，エキスパート班とジグソー班のメンバーを伝える。 ・学級全体に課題を提示し，生徒の学習意欲を高めてからワークシートを配付する。
	課題　①，②，③の場所から等しい距離にある宝の場所を見つけよう。	
3分	2 課題に対する自分の考えをワークシートに書く。	・①，②，③から等しい距離にある宝の場所の求め方をワークシートに書くように指示する。このとき，言葉で書いても，実際に作図をしてもよいことを伝える。
15分	3 エキスパート活動に取り組む。	
	班／エキスパート課題 A　小学校と中学校から等しい距離にあって，図書館から最も短い距離にある場所① B　国道と県道から等しい距離にあって，コンビニから最も短い距離にある場所② C　一郎さんの家から駅に向かって立ち，左へ30°向いたところに見える木（場所③）	
	・エキスパート班（A班，B班，C班）ごとに話し合い，それぞれの課題を解決する。	・エキスパート班は3人グループとして，それぞれのエキスパート課題を配付して取り組ませる。 ・エキスパート活動の内容を理解しておかないとジグソー活動で話し合いがうまくいかなくなってしまうことを伝える。 ・話し合いが進んでいない班には，他の班へ行って聞いてくるように伝える。
12分	4 ジグソー活動に取り組む。 ・A班，B班，C班から1人ずつ集まり，合計3人のジグソー班をつくる。 ・各自がエキスパート活動で解決した課題について説明を行い，宝の場所を決定する。	・エキスパート活動で得た情報をジグソー班のメンバーに伝える。このとき，言葉で説明してもよいし，実際に作図を通して説明してもよいことを伝える。 ・エキスパート課題が途中までしかわからなかった場合は，自分が理解したところまででよいので説明することを伝える。
12分	5 クロストーク活動に取り組む。 ・各班が考えを発表する。	・すべての班ではなく，2～3つ程度のジグソー班に説明させる。このとき，「宝の場所を見つけるための作図はできるが言葉でうまく説明できない」というグループも選ぶようにする。
5分	6 まとめを行う。 ・宝の場所の求め方を作図や言葉を用いてまとめる。	・作図の方法だけでなく各自わかったこと，まだよくわからないことも書かせる。

4 授業展開例

　まず「今日はみんなで宝を見つけよう」と投げかけ，本時の課題「①，②，③の場所から等しい距離にある宝の場所を見つけよう」を提示し，生徒の関心を高めました。そして，知識構成型ジグソー法について説明を行いました。

　「①，②，③の場所はどこにあるかわからない。エキスパート活動で割り振られた場所を探してほしい。そして，ジグソー活動になったらそれぞれの情報をもち寄って宝の在りかを見つけてほしい」と生徒に伝えると，早く問題をやりたそうな顔をしている生徒が多く見られました。

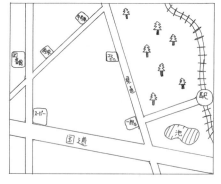

①～③の場所が隠れている宝の地図

　生徒に宝の地図が載っているワークシートを配った後，「①から③の場所が仮にわかったら，どのようにして3つの場所から等しい距離にある場所を見つければよいのか自分の考えをワークシートに書いてみよう」と生徒に伝え，ワークシートにかかせました。

　エキスパート班に分かれたら，Aグループには課題Aを，BグループにはB課題を，Cグループには課題Cをそれぞれ与え，エキスパート活動を始めました。

課題A　小学校と中学校から等しい距離にあって，図書館から最も短い距離にある場所①

課題B　国道と県道から等しい距離にあって，コンビニから最も短い距離にある場所②

課題C　一郎さんの家から駅に向かって立ち，左へ30°向いたところに見える木（場所③）

　エキスパート活動で話し合いが進まなくなった班には，「線分の垂直二等分線を別な言葉で説明するとどんな線だっけ？」や「角の二等分線を別な言葉で説明するとどんな線だっけ？」「正方形の1つの角は90°だね。正三角形は何度だっけ？」などの声かけを行いました。また，他のエキスパート班に移動して話し合うように声かけを行いました。

　時間になったら，まだ途中でも話し合いを止めさせてジグソー活動へと移ります。ジグソー活動では，1人ずつ順番に説明をさせていきました。そして，それぞれの説明を聞きながら，ワークシートに①から③までの場所を作図していくように伝えました。

　数学が苦手でいつも自信がない生徒でも，エキスパート活動で考えてきた課題を堂々と伝えることができていました。ジグソー班のメンバーに歓迎されている雰囲気がとても印象的でした。このとき，エキスパート活動での話し合いが途中で終わってしまい，課題解決できなかっ

た場合は，ジグソー班のみんなで考えるように伝えました。

　ジグソー班での話し合いが終わったら，クロストーク活動の準備（学級全体に発表できるように各班に準備）をさせました。このとき，机間指導をしていきながら全体で発表させる班を2～3班選ぶのですが，「作図はできて宝の場所は見つかったけれど，説明がうまくできない」という班を最低1つ選ぶようにしました。その班が発表するときに，教師が発表する側と発表を聞く側の間に入り，下記のようなやりとりを行いました。

生徒A（発表者）　中学校と小学校を直線で結び，その線分の垂直二等分線を作図します。また，図書館から垂直二等分線に向かって垂線を引きます。その交点が場所①になります。

教　師　ちょっと待って。どうして垂直二等分線を作図したの？　課題Aには垂直二等分線なんて一言も書いていないけど。みんなはどう思う？　まわりと相談してみてよ。

生徒B　例えば，線分ABの垂直二等分線上の点は，点A，Bから等しい距離にあります。この場合，「小学校と中学校から等しい距離」と書いてあるので，中学校と小学校の垂直二等分線と考えていいのだと思います。

教　師　そうだね。以前学習したね。そうすると，線分ABの垂直二等分線は別な言葉で言い換えることができそうだね。C君，どうだい？

生徒C　えっと，点Aと点Bから等しい距離にある直線。

教　師　C君，いいね。それじゃAさん説明を続けて。

生徒A　国道と県道の角度の二等分線を作図します。また，コンビニから角の二等分線に向かって垂線を引きます。その交点が場所②になります。

教　師　ちょっと待って，みんな先生が言いたいこと，もうわかるよね？

生徒D　えっと，角の二等分線上の点は2辺から等しい距離にあるからです。

教　師　…ということは，別な言葉で言い換えると？　C君言ってみよう。

生徒C　待ってました。「2辺から等しい距離にある直線」です！

　このようなやりとりをすることで，理解が不十分だった生徒や，宝の場所はわかったが方法を説明することができない生徒にもう一度考える機会を与えることができました。また，まとめとして宝の場所の見つけ方を言葉や図を使ってワークシートに書かせました。

5　評価について

　本時は，ワークシートと観察が主な評価方法になります。ワークシートに書かれたまとめを見ることで，本時のねらいをどの程度達成したのか知ることができます。また，エキスパート活動やジグソー活動を観察することで，書くこと以外にも言葉で友だちにわかりやすく説明できているかどうかを評価します。

（村井　快彰）

| 1年 | 図形 | | | | 平面図形 | | |

おうぎ形の面積の求め方を考えよう！

	体験する	発見する	説明する	利用する	振り返る	発展させる	協働する
習得・活用・探究という学習プロセスの中での，問題発見・解決を念頭に置いた深い学び	○	○					
他者との協働や外界との相互作用を通じて，自らの考えを広げ深める，対話的な学び			○				○
子供たちが見通しを持って粘り強く取り組み，自らの学習活動を振り返って次につなげる，主体的な学び					○		

1 授業のねらい

> おうぎ形の面積を中心角の大きさに基づいて求められるようにする。

2 授業づくりのポイント

　おうぎ形の面積は，その中心角の大きさで決まることから，同じ半径の円の面積の何倍（何分のいくつ）にあたるのかを意識させることが重要です。

　この授業では，中心角が様々な場合のおうぎ形を考察することを通して，円とおうぎ形の面積の比が中心角の大きさの比に等しくなることを生徒に気づかせます。また，おうぎ形の面積の求め方について教師が教えるのではなく，生徒が求め方を式や言葉に表現するまで待ち続けることも大切です。まとめの場面では，生徒の考え方や表現された言葉や式を生かしながら，おうぎ形の面積の求め方をまとめます。また，おうぎ形の面積を求めたときの考え方を利用して，おうぎ形の弧の長さも考えさせます。

3 学習指導案

時間	生徒の学習活動	教師の指導・支援
5分	1 おうぎ形の定義を復習する。	・おうぎ形は，円Ｏの２つの半径と弧で囲まれた図形であること，２つの半径がつくる角をおうぎ形の中心角ということを押さえる。
35分	2 学習課題を解決する。	
	課題 おうぎ形の面積を求めよう。	
	・解決の見通しをもつ。	・紙でつくった円を半分に折り重ねる活動を通して，おうぎ形が円全体の何分のいくつになっているのかをとらえさせ，解決の見通しをもたせるようにする。
	・個人で考える。	・中心角が異なる３つのおうぎ形の面積を求めさせる。その際，中心角の大きさを手がかりとして考えさせる。 ・円とおうぎ形の面積の比が，中心角の大きさの比と等しくなることに気づかせるように支援する。
	・グループワークで考え方を交流する。	・中心角が70°のおうぎ形の面積の求め方について班員と考え方を交流させて，納得できたことをまとめさせる。 ・おうぎ形の面積の求め方を教えるのではなく，生徒が考え表現するまで待ち続けるようにする。
	・各班から発表する。	・各班からの説明の場面では，生徒が表現した式や言葉を教師が黒板にメモ書きしながら，おうぎ形の面積の求め方を整理するようにする。
	予想される生徒の考え方 ①おうぎ形の面積＝円の面積×$\dfrac{中心角の大きさ}{360}$ ②おうぎ形の面積：円の面積＝中心角の大きさ：360	
10分	3 おうぎ形の面積の求め方を利用して，おうぎ形の弧の長さを求める。	・おうぎ形の面積を求めたときの考え方を振り返らせる。また，その考え方を利用して，おうぎ形の弧の長さを求めることができることに気づかせる。

4 授業展開例

　まず，おうぎ形の定義を確認するため，下の問題1を考えさせます。実際の授業では，アとウを選択する生徒が多く見られましたが，円を重ねるとイがおうぎ形でないことは一目瞭然でした。生徒の予想が外れたところで，おうぎ形とは円Oの2つの半径と弧で囲まれた図形であること（定義）と，2つの半径がつくる角をおうぎ形の中心角ということを確認しました。

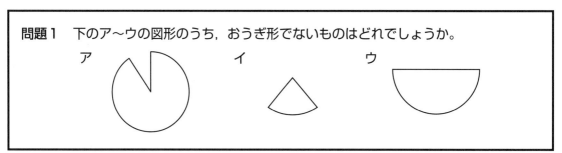

　おうぎ形の定義の確認が終わったところで，本時の課題を提示します。

課題 おうぎ形の面積を求めよう。

　まず，右図の1のような紙でつくった半径6cmの円を生徒に配り，その円のちょうど半分が重なり合うように折らせて，2のような中心角が180°のおうぎ形をつくらせます。次に，できた半円をさらに半分が重なり合うように折らせて，3のような中心角が90°のおうぎ形をつくらせます。

　ここで，2と3の2つのおうぎ形の面積を考えさせたところ，「円の面積÷2」や「円の面積÷4」などのように，最初の円の面積を基にして，おうぎ形の面積を求めることができることにほとんどの生徒が気がつきました。

　そこで，課題解決の見通しをもたせるために，中心角が様々なおうぎ形の面積の求め方についても考えさせます。

教　師 この2つのおうぎ形の面積を求めることはできました。他の様々なおうぎ形の面積を求めたいとき，何に注目すればよさそうですか？
生徒A もともとの円。円の面積。

1　紙でつくった円

2　1を半分に折る

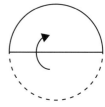

3　2を半分に折る

教　師　そうですね。おうぎ形は円の一部ですから，半径が等しい円の面積を利用すれば求めることができそうです。でも，おうぎ形といってもいろいろな形があるので，円の面積だけではおうぎ形の面積を求めることはできません。この他にも手がかりが必要です。何がわかればよいのでしょうか？
生徒Ｂ　おうぎ形が何個で１つの円になるか。
教　師　今のＢさんが言ってくれた意味がわかりますか？　おうぎ形が円のどれだけ分なのかがわかれば，面積を求めることができそうですね。

「中心角」という言葉は出ませんでしたが，おうぎ形の面積をどのようにして求めるかおおよその見通しをもてたところで，下の問題2を提示し，個人で考えさせます。

問題2　次のおうぎ形の面積を求めましょう。ただし，半径は6cmとします。
　　(1)中心角が45°　　(2)中心角が60°　　(3)中心角が70°

生徒は，中心角の大きさを手がかりに，おうぎ形が円のどれだけ分なのかを考えながら面積を求めていました。しかし，(3)（中心角が70°）では，おうぎ形が円のどれだけ分かわからず，立ち止まる生徒が出てきました。そこで，机間指導を行いながら，円とおうぎ形の面積の比が中心角の大きさの比と等しくなることに生徒が気づくように支援しました。

10分程度個人思考の時間を確保したら，4人組のグループワークを行います。中心角が70°のおうぎ形の面積をどのようにして求めたかについて考え方を交流させ，メンバー全員が納得できた考え方をミニ黒板にまとめるように指示しました。

その後，全体で考え方を共有するために，まとめた考え方を班ごとに説明させます。教師は，生徒が表現した式や言葉を黒板にメモ書きしながら，おうぎ形の面積の求め方を整理します。

予想される生徒の考え方

①おうぎ形の面積＝円の面積×$\dfrac{中心角の大きさ}{360}$

②おうぎ形の面積：円の面積＝中心角の大きさ：360

最後に，本時の学習を振り返るとともに，面積の求め方を利用して，おうぎ形の弧の長さを求めさせます。そして，面積を求めたときと同じ考え方で弧の長さを求めることができることを確認し，ワークシートの問題に取り組ませます。

（楳木　敏之）

| 1年 | 図形 | 空間図形 |

正多面体はいくつあるのだろう？

	体験する	発見する	説明する	利用する	振り返る	発展させる	協働する
習得・活用・探究という学習プロセスの中での，問題発見・解決を念頭に置いた深い学び		○					
他者との協働や外界との相互作用を通じて，自らの考えを広げ深める，対話的な学び			○				○
子供たちが見通しを持って粘り強く取り組み，自らの学習活動を振り返って次につなげる，主体的な学び					○	○	

1 授業のねらい

立体ができるための条件を根拠に，正多面体が5種類であることを説明させる。
正多面体の頂点に成り立つ角度の関係を見つけ，立体の性質に発展できるようにする。

2 授業づくりのポイント

生徒は前時までに，正三角形の面でできる正多面体が3種類あることを，フレーム教材等を使った模型づくりを通して学習しており，立方体や正十二面体づくりも経験しています。

本時では，正多面体がいくつあるのかを考えさせます。自力解決の後，グループになって話し合い活動を行い，立体ができるための条件を根拠にして，正多面体が5種類であることを理解し，ワークシート等にまとめてグループ毎に発表させます。また，立体の頂点を展開図にしたときの不足角について，すべての正多面体に共通することを調べて，角度の性質が「さらに，他の多面体でも成り立たないか」という，発展に対する意識も高めていきます。

3 学習指導案

時間	生徒の学習活動	教師の指導・支援
3分	1　前時までの学習内容を振り返る。 2　正多面体がいくつあるか予想する。	・正多面体にはどのようなものがあったかを，面がどんな形であったかも合わせて答えさせる。 ・前時までの5種類以外に正多面体はないのか予想をさせて，課題を提示する。
	課題1　正多面体はいくつできるのだろうか。	
5分	3　個人で考える。	・前時までに自分がつくった模型を見て考えさせる。 ・頂点ができるためには，最低3つの面が必要であること，正多面体は1つの頂点に集まる正多角形の内角の和が360°より小さければできることを確認する。 ・正三角形を1つの頂点のまわりにいくつ集めることができたかを思い出させて，ワークシートに自分の考えを書かせる。
15分	4　グループで予想や考えを話し合う。	・4～5人ずつのグループで話し合わせる。 ・理由をはっきりさせて，考えをまとめていくように促す。 ・図等を使って，考えと説明をわかりやすく，ワークシートやホワイトボードにまとめさせる。
10分	5　全体で結論と考え方を共有する。	・ワークシートやホワイトボードを使って，全体に対してわかりやすく発表させる。 ・正多面体は5種類だけになることを，理由をつけて説明できることを確認する。
	課題2　正多面体の全頂点のまわりの角について言えることを調べよう。	
5分	6　課題2に取り組む。	・頂点のまわりの平面角の和が360°よりどれだけ少ないかを表す角（不足角）の和に着目させる。 ・不足角は，頂点のとがり具合を表しているというイメージをもたせる。
10分	7　全体で調べたことを共有する。	・正多面体の頂点の不足角の和が，720°（8直角）になることと求め方を発表させて，確認する。
2分	8　本時の学習を振り返る。	・学習を振り返り，正多面体は5種類であることをまとめる。また，正多面体の全頂点の不足角の和が720°ということは，他の多面体でも同様に成り立つのか考えてみるよう促す。

4 授業展開例

前時に，多面体と正多面体の定義を説明し，「正三角形でできる正多面体にはどんなものがあるか，考えてつくってみよう」という課題を与えました。折り紙を使って正三角形の板をつくり，つないでできる立体を考えさせて，次のことを確認しました。

①頂点は3つ以上の面がないとできない。
②6つの正三角形の面の立体は，1つの頂点に集まる面の数が3つと4つの場合があるので正多面体と言えない。
③1つの頂点の周りに正三角形は3，4，5つまで置くことができて，6つ以上になると平面や凹んだ頂点になるので正三角形でできる正多面体は3種類。

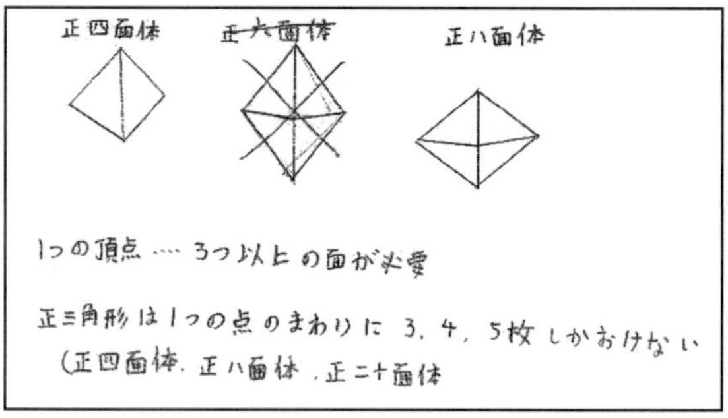

図1　生徒のワークシート

これを受け，正三角形でできる正多面体3種類の制作を宿題とし，次は正何角形の面の正多面体ができるかを問いかけて，正方形，正五角形でできる，立方体，正十二面体を教具等を使ってつくる活動を行いました。

本時は，正多面体にはどのようなものがあったかを全体で復習し，課題1に入りました。

課題1　正多面体はいくつできるのだろうか。

予想をさせると，無限にできると思う生徒と，図2のように種類は少ないのではないかと考える生徒に分かれました。

次に，個人で考える時間をとり，生徒の手が止まっているようであれば，前時の①～③のことを確認し，その後グループになって話し合わせました。

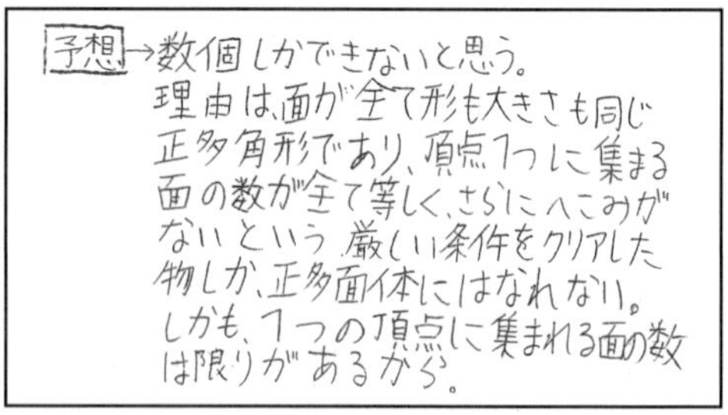

この課題を考えるための既習事項として，前時までに立体ができるために頂点に集まる面の数の条件や，正多面体の定義を学習しています。グループになって話し合うことで，1人では考えが進まない生徒にとっては，既習事項を活用するきっかけができ，考えを進められた生徒にとっては，他の生徒に説明することによって，理解をより深めることができるようになります。グループで話し合ったことを，ワークシートや

図2　生徒の予想例

ホワイトボードにわかりやすくまとめて、全体に発表してもらい、結論とその理由を共有しました。

以下は、生徒の考えが進まなくなった場面での会話です。

生徒A　正三角形のとき、3枚、4枚、5枚頂点のまわりに面をつけることができたんだよね。
生徒B　次の正方形は、どう考えればいいのかな？
教　師　最低3つ面がないと頂点ができなかったんだよね。正三角形と同様に、正方形も、3つ面が集まったとき、4つ集まったとき…と考えるとどうなるかな？手元にある模型を見たり、図をかいてみると考えやすいんじゃないかな。
生徒A　正方形が3枚で頂点ができて、これは立方体になって…、4枚だと…あっ、平面になって立体にならない！
生徒B　そうか！　頂点のまわりに、面が何枚置けるか考えてみればいいんだね。

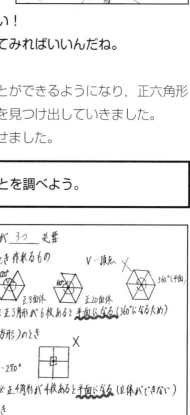

このような会話によって、グループの中で考えを進めることができるようになり、正六角形以上では正多面体ができず、正多面体は5種類しかないことを見つけ出していきました。

全体で各グループの考えを共有し、続いて課題2を考えさせました。

| 課題2　正多面体の全頂点のまわりの角について言えることを調べよう。 |

ここでは、多面体の面がちょうど閉じるための条件について、直方体の展開図をちょうど直方体になるように閉じた場合と、折り曲げすぎたり足りなかったりして面が閉じない場合を提示して考えさせました。

5　評価について

授業中の自分や友だちの考え、学習の感想をワークシートに書いて提出させます。

課題2は他の多面体でも成り立つのか考えてみるように促し、レポート課題にするとよいでしょう。

（小野田啓子）

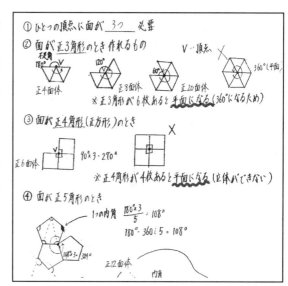

| 1年 | 資料の活用 | 資料の分析と活用 |

「つかみ取りゲーム」を企画しよう！

	体験する	発見する	説明する	利用する	振り返る	発展させる	協働する
習得・活用・探究という学習プロセスの中での，問題発見・解決を念頭に置いた深い学び	●			●			
他者との協働や外界との相互作用を通じて，自らの考えを広げ深める，対話的な学び			●				●
子供たちが見通しを持って粘り強く取り組み，自らの学習活動を振り返って次につなげる，主体的な学び					●		

1 授業のねらい

不確定な事象を，収集した資料を基に考察できるようにする。

2 授業づくりのポイント

　この授業では，生徒の興味・関心を引き出すために，「つかみ取りゲーム」という日常生活の中で見かけたり，体験したりすることがある題材を扱っています。身近な事柄に数学の目を向けさせることで，生徒が自ら傾向を調べたり，資料を収集したりする必要性に気づくのではないかと考えました。

　また，この授業では，グループで協力して問題解決にあたることを重視しています。不確定な事象を考察するうえでは，自分が収集したデータを考察するだけでなく，他の人が収集したデータと比較をすることで，より深い考察を行うことができるようになります。グループ内の意見交換だけでなく，他のグループの意見を聞く機会も設け，互いに学び合うことができるよ

うにしました。

題材について

　お祭りやイベント等で「あめ玉のつかみ取り」や「10円玉のつかみ取り」などを目にすることがあります。自分がお客さん（つかみ取りをする側）であれば，「いかに多く取るか」だけを考えていればよいのですが，お店（つかみ取りをさせる側）の立場で考えるとそう単純ではありません。損をしないためには，1人のお客さんの結果だけでなく，多くのお客さんの結果を予測しておく必要があります。お客さんの立場から，お店側へと視点を変えることで，傾向を調べる必要性に気づかせることができます。

　この授業では，生徒会活動で収集したペットボトルのキャップを教材にします。写真1のように，工作用紙で作成した箱に写真2のようなペットボトルのキャップを50個（白45個，色5個）入れたものを用意し，実際につかみ取りゲームが行えるようにしました。予想したことを実際に確かめてみることで自分の考えを振り返り，考察を深めることができます。

　ゲーム代を1回100円とし，取り出したキャップの数に応じて賞金を出すことにしました。この賞金を設定することが授業内での課題です。賞金が高ければお客さんはたくさん集まりますが，お店は損をしてしまいます。逆に，賞金が安すぎるとお客さんが集まりません。収支を±0に近づけることを目標にし，最適な賞金設定を検討するためにデータを収集するという考えにつなげていきます。また，色違いのキャップを混ぜることで，未習ながら確率の考え方に目を向けさせることができるのではないかと考えています。生徒の多様な考えを引き出していくことが大切です。

　日常の事象に数学の目を向けさせることで，数学を活用する楽しさや数学の有用性を実感させるとともに，数学を用いて判断・意思決定する力をはぐくみます。

写真1

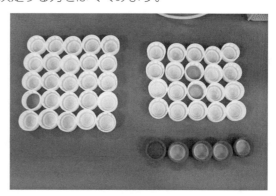

写真2

3 学習指導案

時間	生徒の学習活動	教師の指導・支援
5分	1 本時の内容を知り，何を調べるかを考える。	・つかみ取りゲームの内容を伝える。 ・賞金を設定するためには何を調べるとよいかを考えさせる。
	課題1　賞金を設定するためには，何を調べればよいだろう。	
5分	2 個人の考えを発表し共有する。	・複数の視点からの意見を取り上げる。 ・グループ活動につなげるように支援する。
	課題2　賞金を設定しよう。	
10分	3 グループ活動を行う。	・5～6人ずつ，6つのグループに分ける。 ・実際に取り出しながら傾向を調べさせるようにする。 ・協力して活動できるように支援する。
5分	4 全体で考えを共有する。	・6つのグループに現在調べていることを発表させる。他のグループの生徒も理解しやすいように，声の大きさや黒板の書き方を工夫させる。 ・他のグループの意見を聞いて自分のグループと比較させる。
10分	5 グループ活動を行う。	・複数回取り出してみるなど，資料の収集が適切に行われるように支援する。 ・発表者を決めさせる。
10分	6 全体で考えを共有する。	・課題2について6つのグループの代表に発表させる。 ・発表を聞く中で，わからないところや納得のいかないところは質問させる。
5分	7 本時の学習を振り返る。	・学習を振り返らせる。また，グループ活動を振り返り，相互評価を行わせる。

4 授業展開例

　生徒の多くはつかみ取りゲームを体験したことがありました。また、体験したことがない生徒でも、知らない者はおらず、イメージはすぐに共有することができました。
　賞金を設定するために調べることを尋ねる場面では、以下のような意見が出ました。

生徒A　手の大きさを調べる。
生徒B　実際にやってみる。
教　師　何回くらいやりますか？
生徒B　1回。
生徒C　まぐれもあるから1回ではわからないよ。
生徒D　1人5回はやる。
生徒E　度数分布表をつくる。

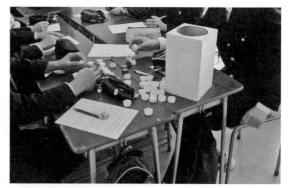

写真3

　グループ活動が始まると、生徒たちはさっそく取り出してみたり、キャップの数を調べたりしながら積極的に活動していました（写真3）。

　Aグループでは、図1のように手の大きさを調べたり、実際に取り出して平均を調べたりしました。多くのグループで同様に平均を調べる様子が見られました。
　また、あるグループでは最頻値に注目したり、色に注目したりして、賞金設定を考える様子が見られました。

　後半の発表では、各グループごとに設定した賞金を発表しました。各グループとも、収集した資料を根拠にして賞金を設定することができました。

手の大きさ	1	2	3	4	5	平均
生徒A	16.7cm	13	12	12	14	13	12.8コ
生徒B	19.2cm	12	13	15	14	11	13コ
生徒C	19.7cm	15	11	14	13	11	12.8コ
生徒D	17.2cm	11	11	15	12	12	12.2コ
生徒E	18.3cm	14	13	15	12	21	15コ
生徒F	18cm	9	13	13	13	12	12コ

全員の平均　…　13コ

図1

Aグループ…1人5回ずつやって、平均を出しました。平均が13.2個になったので、賞金は1個7円にしました。
Bグループ…平均が11個。そのうち色が1、2個出たので賞金は白が10円、色が－5円です。

（石綿健一郎）

| 2年 | 数と式 | 式の計算 |

「誕生日当て」の仕組みを探ろう！

	体験する	発見する	説明する	利用する	振り返る	発展させる	協働する
習得・活用・探究という学習プロセスの中での，問題発見・解決を念頭に置いた深い学び		○					
他者との協働や外界との相互作用を通じて，自らの考えを広げ深める，対話的な学び			○				○
子供たちが見通しを持って粘り強く取り組み，自らの学習活動を振り返って次につなげる，主体的な学び					○		

1 授業のねらい

「誕生日当て」の仕組みを，文字を使って説明できるようにする。

2 授業づくりのポイント

　生徒は，1年生のとき，a，xなどの文字を用いて式を表したり，文字に数を代入して調べたりすることを学習しています。また2年では，2つの文字を含む式の計算や式の値について前時までに学習しています。

　本時は，文字式の利用の第1時として「誕生日当て」について考えさせます。具体的な数で計算の仕組みを考えることを通して，文字を使って説明すると一般的な場合について説明できることを理解させ，文字を使うよさを実感させます。グループで話し合いをして，どのように考えれば誕生日を当てることができるのかを共有し，その仕組みを自分の言葉で説明することを考え，最後にお互いに説明し合い，全体で練り上げていきます。

3 学習指導案

時間	生徒の学習活動	教師の指導・支援
10分	1 課題を把握する。	・教師が生徒の誕生日を実際に当ててみせる。 ・なぜ誕生日を当てることができたのかを考えることを伝える。
	課題　まこさんは，次の計算をした結果から友だちの誕生日がわかるそうです。まこさんはなぜわかるのか，その理由を考えよう。 【計算方法】 ①　生まれた月を25倍して，25を加える。 ②　①の数を4倍して，4を加える。 ③　②の数に生まれた日を加えて，7を加える。	
10分	2 個人で誕生日と計算結果の関係を考える。その後，予想したことをペアで共有する。	・誕生日と計算結果の関係に気がついた生徒には，実際に誕生日当てをするように指示する。 ・個人で誕生日と計算結果を見つけられない生徒には，2人のペアで話し合いをさせて気づかせる。
15分	3 予想した誕生日と計算結果の関係が正しい理由を考える。	・まずは具体的な数を用いて，計算の方法がわかるように式だけを書いて考えさせ，計算の仕組みに気づかせる。 ・計算の仕組みを説明するには，文字を用いるとよいことに気づかせる。
10分	4 全体で考えを共有する。	・具体的な数の計算と比較させながら，文字による説明を考えさせ，自分の言葉で相手にわかりやすく伝えさせる。 ・生徒の発表の中で，よりわかりやすい表現があれば別の生徒に補足させる。また，表記方法についても注意させる。
5分	5 本時の振り返りをする。	・学習を振り返り，誕生日当ての仕組みについてまとめる。 ・本時の誕生日当ての仕組みを基にして，各自オリジナルの誕生日当てを考えさせ，文字式を使ってそれがいつでも成り立つことを説明するという課題を，レポートとして提出することを伝える。

4 授業展開例

「今日は,まず皆さんの誕生日を当てるゲームをしたいと思います」と言って,生徒全員に計算方法をゆっくりと伝えながら計算させます。そして,その結果を書き留めさせます。2～3人の生徒を指名し,計算結果を発表させて教師が誕生日を当てます。この段階で,計算結果と誕生日の関係に気がつく生徒がいたら,教師の代わりにその生徒に他の生徒の中から1～2人に計算結果を発表させて誕生日を当てさせると,生徒たちの興味・関心を高めることにつながります。

課題を確認するために下のようなワークシートを配付し,表に計算結果を書き込ませます。誕生日と計算結果の関係を考えるために,1人の生徒の誕生日を例に①～③の計算結果を板書しておきます。

課題 まこさんは,次の計算をした結果から友だちの誕生日がわかるそうです。

まこさんはなぜわかるのか,その理由を考えよう。

【計算方法】

① 生まれた月を25倍して,25を加える。

② ①の数を4倍して,4を加える。

③ ②の数に生まれた日を加えて,7を加える。

自分の誕生日	月　　日	
① 生まれた月を25倍して,25を加える。		
② ①の数を4倍して,4を加える。		
③ ②の数に生まれた日を加えて,7を加える。		

その後,4～5人程度のグループで誕生日と計算結果の情報を交換させます。情報交換させることで,「千と百の位の2桁の数から1をひいた数が何月かを表していて,十と一の位の2桁の数から11をひいた数が何日かを表しているのでは？」と多くの生徒たちは気づき始めます。このようにして,多くの生徒が各自の予想をもてるようにしていきます。

教　師 計算結果だけだと,誕生日の月と日が①～③の計算の中でどのように影響しているかわかりませんね。どのようにすればわかりますか？

生徒A 途中の計算式を書けばいいと思う。

生徒B 付け加えですが，計算せずに式だけでもいいと思います。
教　師 では，式を書き加えてみましょう。

自分の誕生日	8月14日		
① 生まれた月を25倍して，25を加える。	225	$\underline{8} \times 25 + 25$	
② ①の数を4倍して，4を加える。	904	$(\underline{8} \times 25 + 25) \times 4 + 4$	
③ ②の数に生まれた日を加えて，7を加える。	925	$\{(\underline{8} \times 25 + 25) \times 4 + 4\} + \underline{14} + 7$	

　上の表のように，誕生日の月と日を表す数にアンダーラインを引くなどして強調し，式を観察させます。

$$\{(\underline{8} \times 25 + 25) \times 4 + 4\} + \underline{14} + 7$$
$$= (\underline{8} \times 25 \times 4 + 25 \times 4 + 4) + \underline{14} + 7$$
$$= \underline{8} \times 25 \times 4 + \underline{14} + (25 \times 4 + 4 + 7)$$
$$= \underline{8} \times 100 + \underline{14} + 111$$
$$= (\underline{8} + 1) \times 100 + (\underline{14} + 11)$$

生徒の気づきをうまく引き出しながら上記のような式変形をまとめていきます。このようにまとめた後，「『千と百の位の2桁の数から1をひくと何月かわかり，十と一の位の2桁の数から11をひくと何日かわかる』ということをいつでも言えることを示すにはどのようにすればよいですか？」と問いかけます。このように，まずは具体的な数で式の仕組みをていねいに考えさせておくと，「上の式で誕生日の数を文字に置き換えると示すことができる」という見方に容易につながり，「文字を使うと一般的に説明できる」という感覚を身につけさせやすくなります。

　そして，文字を使った説明を生徒から導きながらまとめていきます。

自分の誕生日	x月y日	
① 生まれた月を25倍して，25を加える。	$x \times 25 + 25 = 25x + 25$	
② ①の数を4倍して，4を加える。	$(25x + 25) \times 4 + 4 = 100x + 104$	
③ ②の数に生まれた日を加えて，7を加える。	$(100x + 104) + y + 7 = 100(x + 1) + (y + 11)$	

5 評価について

　他の誕生日当ての計算方法を考え，文字式を使ってそれがいつでも成り立つことを説明するというレポート課題を与えます。課題は家庭学習とし，必要に応じて教師に質問をさせます。いくつかのレポートは数学通信にコメントをつけて紹介します。

（吉村　昇）

2年　数と式　連立方程式

いろいろな課題解決のよさを理解しよう！

	体験する	発見する	説明する	利用する	振り返る	発展させる	協働する
習得・活用・探究という学習プロセスの中での，問題発見・解決を念頭に置いた深い学び				●			
他者との協働や外界との相互作用を通じて，自らの考えを広げ深める，対話的な学び			●				●
子供たちが見通しを持って粘り強く取り組み，自らの学習活動を振り返って次につなげる，主体的な学び					●		

1 授業のねらい

自ら選択した課題解決の仕方を説明し伝え合い，それぞれの解決方法のよさを味わうことができるようにする。

2 授業づくりのポイント

　生徒全員に説明し伝え合う活動の場を設定するため，ジグソー学習の学習形態を取り入れました。自らが理解していなければ，友だちにわかりやすい説明ができないため，生徒全員の数学的な思考力・表現力が高まります。
　複数の解決方法で解決できる学習課題を提示し，自ら担当した解決方法と比較・検討をすることで他の解決方法のよさを理解し，複数の解決方法を相互に関連づけて理解することにより，数学の力が高まるように工夫しました。

3 学習指導案

時間	生徒の学習活動	教師の指導・支援
2分	1　本時の学習課題を知る。	・ハンバーガーとドーナツの具体物を提示し，本時の学習意欲を高める。
	課題　1個70円のハンバーガーと1個50円のドーナツを合わせて15個買ったら，合計の代金は910円になりました。ハンバーガーとドーナツを買った個数を求めよう。	
2分	2　課題の解決方法を発表し，学級全体で確認する。	・生徒から学習課題の解決方法を引き出し，課題解決の意欲を高める。
5分	3　説明しやすい解決方法を選び，その解決方法で課題解決する。	・生徒1人で課題解決に取り組み，課題解決の見通しをもたせる。
15分	4　課題解決ジグソー班に分かれて，課題解決をする。 課題解決ジグソー班 ①連立方程式で解決する班 ②1次方程式で解決する班 ③表で解決する班	・6人の生活班で担当する解決方法を確認させる。 ・1つの解決方法に2人ずつ分かれた方が望ましいが，人数に偏りがあっても説明しやすい解決方法を選択するように指示する。 （黒板／窓際／廊下の配置図：表・1次方程式・連立方程式の班の場所） 課題解決ジグソー班の場所
5分	5　説明用紙に課題解決の方法を簡潔にまとめる。	・課題解決ジグソー班で協力しながら，説明の仕方をまとめるように指示し，学習活動が停滞している班には，状況に応じた支援をする。
5分	6　生活班に戻り，生徒全員が担当した解決方法を説明する。	・説明を聞く態度を確認し，友だちの説明でわからないところがあれば質問するように指示する。
5分	7　互いの説明を相互評価する。	・互いの説明を称賛し合わせ，説明がよりよくなるような雰囲気づくりを心がける。
5分	8　代表生徒の説明を聞き，それぞれの解決方法のよさを味わう。	・それぞれの解決方法のよさに注目して説明を聞くように促す。
6分	9　評価問題を解く。	・机間支援を通して，本時の学習内容の理解を確認する。生徒一人ひとりの学習状況に応じて，個に応じた支援をする。

4 授業展開例

> **課題** 1個70円のハンバーガーと1個50円のドーナツを合わせて15個買ったら，合計の代金は910円になりました。ハンバーガーとドーナツを買った個数を求めよう。

　課題を提示して，「この学習課題を解決するために，どのような解決方法がありますか？」と発問すると，生徒は「①連立方程式」「②1次方程式」「③表」の3つの解決方法を発表しました。生徒から解決方法を引き出すことで，1つの課題に複数の解決方法があることを確認でき，数学に苦手意識のある生徒も見通しをもって課題解決に取り組むことができる手だてとなります。

　生徒は3つの解決方法から自分が担当する解決方法を選択しました。選択の視点として，「解決しやすい解決方法」と「説明しやすい解決方法」の2つがありますが，本時は「(生徒が) 説明しやすい解決方法」を選択しました。教師が解決方法を指示するのでなく，生徒が自分で解決方法を選択することで学習意欲が高まります。

　1班6人の生活班で，それぞれ担当する解決方法を確認します。1つの解決方法を担当する生徒が2人ずつになることが望ましいですが，担当する生徒の人数に偏りがあってもよいので，自らが説明しやすい解決方法を選択するように伝えます。生徒が選択した解決方法で，はじめに1人で課題を解決します。1人で思考し，課題解決の見通しをもったうえで，3つの解決方法の課題解決ジグソー班に分かれ，協同的な学び合いで課題を解決します。個人で思考したことを，課題解決ジグソー班で伝え合うことにより，学び合いは深まります。課題解決ジグソー班で課題解決するだけでなく，解決の仕方の説明も考えます。生活班に戻って，生活班の班員に自分が担当した解決方法を説明するという意識をすることで，生徒は真剣に課題解決に取り組むようになります。

　生活班に戻り，生徒は自ら担当した解決方法を生活班の班員に説明し，伝え合います。課題解決ジグソー班で課題解決の説明の仕方をまとめており，生徒は自信をもって説明することができるように準備しています。「友だちの説明を聞いて担当以外の解決方法を理解することで，数学の力は高まる」と生徒に伝え，友だちの説明を真剣に聞くように促します。説明して終わりではなく，互いの説明を相互評価することで，説明する力と説明を聞く力が高まります。また，相互評価も「わかりやすい」の一言で済ませるのでなく，そう思った理由や「どのように表現すれば，わかりやすい説明になるのか」など建設的なアドバイスを伝え合うことで，次の説明に生かそうとする意欲の高まりにつながります。本時は，3つの解決方法なので3人1組となり，担当した解決方法を生徒1人で説明することで数学の力は高まりますが，状況に応じ

て，ペアで協力しながら説明してもよいでしょう。人前で説明することが苦手な生徒も，小グループで説明する活動を積み重ねていくと，少しずつ人前で説明することに自信がつきます。生活班で互いに3つの解決方法を説明し伝え合った後，授業の終末に学級全体で，それぞれの解決方法のよさを共有します。

教　師　これから，それぞれの解決方法を担当した代表の説明を聞きましょう。

生徒A　連立方程式で解きました。ハンバーガーの買った個数を x 個，ドーナツの買った個数を y 個とすると，式は $\begin{cases} x+y=15 \\ 70x+50y=910 \end{cases}$ となります。この連立方程式を解くと…。

教　師　連立方程式で解くよさって，何だろう？

生徒B　2つの文字で，式が立てやすいことだと思います。

教　師　確かに，2つの文字を使うと，式は立てやすくなりますね。では次に，1次方程式の発表を聞きましょう。

生徒C　ハンバーガーの買った個数を x 個とすると，ドーナツの買った個数は $(15-x)$ 個です。だから，式は $70x+50(15-x)=910$ になります。

教　師　1次方程式のよさは？

生徒D　1つの文字で式をつくることができ，1年で学習した1次方程式で簡単に解くことができる点だと思います。

教　師　では，最後に表の解き方の発表を聞きましょう。

生徒E　ハンバーガー，ドーナツそれぞれ買った個数と代金の表をつくります。1個ずつ表に書いて，個数の合計が15個，代金の合計が910円になるところを見つけます。

教　師　表のよさは？

生徒F　ハンバーガーとドーナツそれぞれの個数を1個ずつ書いていくので，変化の様子がよくわかることだと思います。

教　師　このように，連立方程式，1次方程式，表，それぞれの解き方のよさを見つけられるようになることが大切です。

　3つの解決方法の説明を聞いて，そのよさを味わうことで，自ら選択した解決方法のよさを再認識したり，他の解決方法のよさに気づいたりして，生徒は本時の学習を振り返ります。授業の終末に，本時の課題の類題を評価問題とすることで，本時の学習内容の定着を確認でき，次時の学習に生かすことができます。

（三戸　学）

2年 | 関数 | 1次関数

2つの直線の交点の場所を見つけよう！

	体験する	発見する	説明する	利用する	振り返る	発展させる	協働する
習得・活用・探究という学習プロセスの中での，問題発見・解決を念頭に置いた深い学び		○					
他者との協働や外界との相互作用を通じて，自らの考えを広げ深める，対話的な学び							○
子供たちが見通しを持って粘り強く取り組み，自らの学習活動を振り返って次につなげる，主体的な学び					○		

1 授業のねらい

2元1次方程式のグラフの交点を連立方程式を利用して求めることができるようにする。

2 授業づくりのポイント

　生徒は，具体的な事象の中から関数関係を見いだし考察することを通して，比例，反比例や1次関数についての理解を深める学習を進めています。また，前時までに1次関数と方程式との関連を理解し，2元1次方程式の解をグラフ上に表現する学習を行っています。

　本時は，2元1次方程式のグラフの交点が2つの式を連立方程式とみたときの解になることを理解させます。指導法として「問題解決の授業」を行い，個人思考から出された考え方を集団解決の場で協働的に学び合う段階を設定します。そして，「なぜ連立方程式を解くと，交点が求められるのだろうか」という課題を解決することを通して，グラフの交点を求める際に連立方程式を用いることのよさに気づかせます。

3 学習指導案

時間	生徒の学習活動	教師の指導・支援
3分	1 問題を提示する。	
	問題 2つのグラフはどこで交わるだろうか（グラフは次ページ参照）。	
2分	2 答えを直感的に予想する。	・グラフ黒板に2色でかき入れた直線を提示し，交点の場所を口頭で言わせる。
	課題 グラフ黒板上にはない交点の場所を求める方法を考えよう。	
5分	3 まず個人で考える。	・問題のグラフを配付し，個人思考する時間を数分与え，考えをノートに記入させる。 ・机間指導をしながら生徒の考えを把握し，3つの考えを順に取り上げる。
10分	4 他の人の考えを共有する。	・グラフを書き足していく考えを先に取り上げ，答えが（2, 9）になることを全体で押さえる。 ・表で規則性を見いだし，考えている生徒がいるので，その方法のよさについて確認する。 ・最後に連立方程式を用いた考えを取り上げて，その解決方法を全体で確認する。
	追加課題 なぜ連立方程式を解くと，交点が求められるのだろうか。	
10分	5 連立方程式にすると交点が求められる理由を考える。	・自分の意見をもたせたあとに，隣の生徒と話し合う場面を設定する。 ・2元1次方程式のグラフが，1次関数のグラフに一致することを全体で確認する。
10分	6 確認問題でグラフの交点を求める。	・話し合いで出された意見を基に，準備していた確認問題を提示し，交点の求め方を考えさせる。 ・座標が分数になることから，連立方程式を用いて解決することの必要性を実感させる。
5分	7 教科書で本時の学習を振り返る。	・教科書を基に本時の学習について振り返り，グラフの交点の求め方を理解させていく。 ・必要な部分に下線を引いたり，メモを加えさせたりしながら，質問も聞いていく。 ・2元1次方程式のグラフの式の求め方を振り返り，必要に応じて類題などを与える。
5分	8 教科書の問いを通じて，定着を図る。	・グラフの交点を求める問題を基に定着を図る。 ・答え合わせの方法としては，周囲の生徒とノートを見比べさせ，解き方を確認していく。

4 授業展開例

2元1次方程式のグラフの解については，前時に学習を終えているので，本時は前ページの問題を提示して，直感的に予想させることから授業を始めました。

右の関数（赤：$y=3x+3$　青：$y=-3x+15$）をグラフ黒板に2色でかき入れました。交点の座標を予想させ，ノートに書かせたところ，(2, 7) (2, 8) (2, 9) などが出されました。

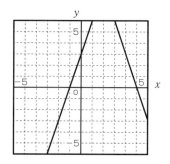

そして，次のような課題を板書して提示し，見えない部分の交点の座標を考えさせました。

課題　グラフ黒板上にはない交点の場所を求める方法を考えよう。

個人で考える時間を3分ほど与えて机間指導していると，複数の方法を用いて(2, 9)となることを発見することができていました。例えば，次のような解決方法です。

---

①グラフ用紙に紙をつけ足したり，マス目をかき入れたりしてグラフを延長する。
②表にして，(2, 9)が出るまで x と y の値を規則性から求めていく。
③それぞれの式を求めて，連立方程式で表しそれを解いて交点を求める。

---

①と②の考え方は，発表した生徒に対して質問したり，となり同士で確認させたりして，この段階で答えが(2, 9)になることを共有しました。そして，③の考えを全体で取り上げることにしました。

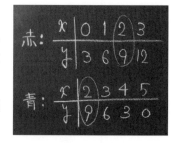

連立方程式を解くことが，グラフの交点に結びつくことに疑問を抱かせたいと考え，次のように追加の課題を投げかけて幾度となく問い返すことにしました。

追加課題　なぜ連立方程式を解くと，グラフの交点が求められるのだろうか。

生徒A　2元1次方程式って1次関数のグラフになるんだよ。
生徒B　前の時間にやったような…。式を変形してグラフをかいたね。
生徒C　だから②の表みたいになるのはわかるけど，連立方程式になるのはなぜだろう？

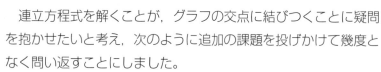

教 師　ちなみに，2元1次方程式の解は，いくつあるんだろう？
生徒D　たくさん点をかいていた覚えがある。黒板に並べて。
生徒B　お互いの解がたくさんあって並んでいるから，それが交わっている場所？
生徒A　連立方程式と考えたときに，解にあたる部分がグラフの交点に一致するのか。
教 師　そう考えると，連立方程式の解はただ1つであることの理由が見えたよね。
生徒C　グラフで見て考えると，1か所でしか交わらないからそう言えるんだ。

　このようなやりとりから，生徒は前時までの学習を振り返り，2元1次方程式のグラフは無数にある解の集合であること，2つの2元1次方程式の解が一致する場所が，1次関数として見た場合の交点になり得ることを理解しました。
　全体で問題の答えを共有した後，本時の学習を深めるため，次の確認問題を提示しました。

　右のグラフの交点は，どの考え方を用いて求めればよいだろうか。

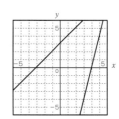

　生徒の中には，表で考えた方がわかりやすいと思う生徒もいます。そこで，上のような確認問題を提示し，もう一度交点を求めさせます。この問題では座標が分数になるので，連立方程式で解決することの必要感が生じます。

生徒D　座標を追っていくのも面倒だし，伸ばしてもよくわからないな…。
生徒B　しかも，線を伸ばしていっても，半端なところで交わりそうだよ。
生徒A　だから，それぞれの式を求めて連立方程式にして，共通の解を探すんだ。
教 師　連立方程式を解けば，どんな交点でも求めることができて便利そうだね。

　こうして全体で声を出してやりとりしながら共有し合うことで，交点を導くことができました。このようにして連立方程式を用いることのよさに触れたうえで，本時の学習について教科書を見ながら確認していきました。

5 評価について

　単元テストでは，自分で適当な2元1次方程式をグラフ用紙にかき入れ，連立方程式を用いて交点を求める問題を出題することで，確かな理解と定着を図ります。

　　　　　　　　　　　　　　　　　　　　　　　　　　　　　　　　　　　（谷地元直樹）

| 2年 | 関数 | | 1次関数 |

直角三角形に潜む正方形の秘密を探ろう！

	体験する	発見する	説明する	利用する	振り返る	発展させる	協働する
習得・活用・探究という学習プロセスの中での，問題発見・解決を念頭に置いた深い学び		○					
他者との協働や外界との相互作用を通じて，自らの考えを広げ深める，対話的な学び							○
子供たちが見通しを持って粘り強く取り組み，自らの学習活動を振り返って次につなげる，主体的な学び						○	

1 授業のねらい

図形に関する課題を，1次関数を利用して解決させる。

2 授業づくりのポイント

中学校での数学の学習を通して，生徒は「この単元（領域）の問題は，ここで学習した内容を用いて解決するものだ」という考えが自然と身についてしまっているということを感じることが多々あります。そのため，以前学習した内容を用いてそれ以降の単元の問題を解決するという発想がなかなか出てこない生徒が少なくありません。

そこで，ここでは図形の問題を1次関数のグラフの考え方を取り入れて解決させます。生徒は課題に対して方程式を用いたり，関数的な考え方を用いたりして解決を図ろうとします。課題解決ができた後で，「他の考え方はないか」と多様な解決法を考えさせることにより，思考力も深まります。

3 学習指導案

時間	生徒の学習活動	教師の指導・支援
5分	1　図について確認する。	
	右の図の∠A＝90°，AB＝6cm，AC＝10cmの直角三角形 ABC の辺 BC 上に点 P をとる。点 P から辺 AB，AC に垂線を引き，その交点をそれぞれ点 Q，R とする。 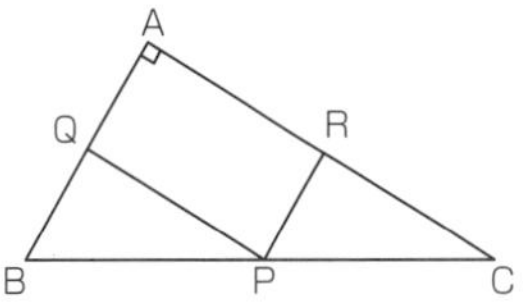	
	・点 P が辺 BC 上を動くときの様子をパソコンで見る。 ・気づいたことを発表する。	・パソコンを用いて，画面上で点 P が動くときの様子を見せる。 ・変化している量などに着目させて，気づいたことを発表させる。
15分	2　四角形 AQPR について考える。 ・四角形 AQPR の辺 PQ と辺 PR の長さの関係について考える。	・2辺の長さを比較しながら，同じ長さになるところがあるということに気づかせる。
	課題1　四角形 AQPR は本当に正方形になるのだろうか。	
	・四角形 AQPR が正方形になることを説明する。	・全員が自分の考えをもつように指導する。
25分	3　四角形 AQPR が正方形になる場合について考える。	
	課題2　四角形 AQPR が正方形になるとき，正方形の1辺の長さは何cmになるのだろうか。	
	・個人で解決法を考える。	・正方形になるときの1辺の長さを求めることを伝える。
	・班で説明会を行い，考えをまとめ，班ごとに発表する。 ・他に解決法がないか考える。	・全体で発表し，考えを共有する。 ・1つの考え方で納得せず，他の解決法を考えさせる。
	・1次関数として考えることもできるということを知る。	・班ごとの発表で1次関数による解決法が出なかった場合は，三角形の向きを変えた図を与える。 ・1次関数の交点の座標の求め方で求めることができるということを理解させる。
5分	4　今日の授業を通して学習したことをまとめ，発表する。	・数名に本時の学習の成果を発表させる。 ・座標軸上に図形をもっていくなど，方程式と1次関数と図形と別々に考えずに融合することもできることを伝える。

4 授業展開例

本時の目標の1つは、「図形の問題を1次関数の問題としてとらえられるようになること」です。しかし、いきなり課題を与えても、このような発想はなかなか出てきません。そこで、この授業を行う前に、列車のダイヤグラムの授業を行いました。この中で、グラフの原点を動かして考えるということを指導しました。これにより、課題を解決するために都合のよい点を原点として考えることができる、ということを生徒は理解できたようです。

本時では、最初に図についての説明をした後で、パソコンを用いて点Pを実際に動かして生徒に見せました。

そして、課題1(四角形AQPRは本当に正方形になるのだろうか)を考えさせました。PQ<PRとなる場合と、PQ>PRとなる場合があるということは、どこかでPQ=PRになる場合があるということを認識させるためです。この視点はとても大切で、今後の学習の中でも必ず必要となるものです。

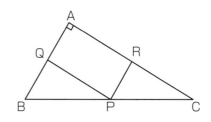

この後で、課題2に入りました。

課題2 四角形AQPRが正方形になるとき、正方形の1辺の長さは何cmになるのだろうか。

まず、個人で考えさせた後、4人組の班で考えさせました。その結果、多様な考え方が発表されました。以下はその例です。

①方程式による解決法

$AQ = x$ cmとすると、正方形になるので$AR = x$ cmです。また、$QB = 6-x$ (cm), $RC = 10-x$ (cm) となります。正方形$AQPR + \triangle QBP + \triangle RPC = \triangle ABC$を用います。

$$x \times x + \frac{1}{2}x(6-x) + \frac{1}{2}x(10-x) = \frac{1}{2} \times 6 \times 10$$

これを解いて、$x = \dfrac{15}{4}$となるので、$\dfrac{15}{4}$ cmのときに正方形になることがわかります。

②比を用いた解決法

$AQ = x$ cmとすると、$AB:QB = AC:QP$より、$6:(6-x) = 10:x$

これを解いて、$x = \dfrac{15}{4}$となるので、$\dfrac{15}{4}$ cmのときに正方形になることがわかります。

③関数の考え方による解決法

　点Pが動くのにともなって点Q，Rも動きます。このとき，点Rが1cm動くと点Qは0.6cm動くので，次の表のように考えることができます。

RのCからの距離	10	9	8	7	6	5	4	3	2	1	0
QのBからの距離	0	0.6	1.2	1.8	2.4	3.0	3.6	4.2	4.8	5.4	6

　RのCからの距離でみると，4と3の間のどこかで等しくなることがわかります。

RのCからの距離	3.9	3.8	3.7	3.6
QのBからの距離	3.66	3.72	3.78	3.84

さらに，

RのCからの距離	3.79	3.78	3.77	3.76	3.75	3.74
QのBからの距離	3.726	3.732	3.738	3.744	3.75	3.756

よって，3.75cmのときに両方の距離が等しくなる，つまり正方形になることがわかります。

その後，以下のように投げかけてみます。

教　師　どれもすばらしい考え方だけど，他にも何かよい方法はないかな？
生徒A　え～，まだあるのかな？
教　師　この直角三角形を，辺ABが底辺となるように，向きを変えて置いてみたら？
　　　　　（これで意見が出ない場合は，辺AB，ACを延長させてみる）
生徒B　あ～，わかった！

④1次関数による解法

　四角形が正方形になるのは，AQ＝ARとなるときです。つまり，点Aを原点，ACをy軸，AB をx軸とすると，直線APの式は$y=x$，CBの式は$y=-\dfrac{5}{3}x+10$となり，この交点の座標を求めればよいことになります。したがって，交点の座標は，$(x, y)=\left(\dfrac{15}{4}, \dfrac{15}{4}\right)$となります。

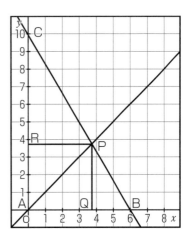

（松永　憲治）

2年 　図形　　　　　　　平行と合同

図形の性質を，筋道立てて論理的に説明しよう！

	体験する	発見する	説明する	利用する	振り返る	発展させる	協働する
習得・活用・探究という学習プロセスの中での，問題発見・解決を念頭に置いた深い学び	●	●					
他者との協働や外界との相互作用を通じて，自らの考えを広げ深める，対話的な学び			●				●
子供たちが見通しを持って粘り強く取り組み，自らの学習活動を振り返って次につなげる，主体的な学び					●		

1 授業のねらい

既習事項を根拠にして，図形の性質を論理的に説明できるようにする。

2 授業づくりのポイント

　生徒は前時までに，平行線と角の性質や多角形の内角・外角の和の性質などの特徴を帰納的な方法で見つけ，課題を解決する学習を経験しています。
　そこで本時は，はじめから結論を与えて「…を証明しよう」とするのではなく，観察や実測などから図形の性質（結論にあたる部分）を生徒自身に見つけさせ，それを演繹的な方法で説明するという展開にしました。図形の性質を説明する場面では，何度も説明し直すことができるように，記述よりも口頭での説明を重視します。また，グループ学習を取り入れ，友だちのよい表現を自分の表現に取り入れやすくしました。振り返りの場面では，口頭での説明を自分なりに文章化する活動を取り入れて，本時の学習のまとめとします。

3 学習指導案

時間	生徒の学習活動	教師の指導・支援
5分	1　本時のめあてを知る。	・2人組で三角形の合同条件を復習させ，本時のめあてを確認する。
10分	2　条件に合う図を作図し，図形の性質を発見する。	・下の作図の手順を説明しながら，生徒に条件に合う図を作図させる。
	【作図の手順】 ①線分 AC の中点を点 O とする。 ② OB = OD となる線分 BD をかく。 ③点 A と点 B，点 C と点 D を線で結ぶ。	
25分	3　課題を解決する。 ・課題を知る。	・等しくかいていないのに，AB = CD，∠A =∠C，∠B =∠D がどの図においても必ず成り立っていることに気づかせるようにする。
	課題　どの図においても，AB = CD となることを説明しよう。	
	・解決の見通しをもつ。	・既習事項を利用して，論理的に説明することを確認する。 ・三角形の合同を利用することを生徒のつぶやきから引き出し，大まかな説明の見通しをもてるようにする。
	・個人で考える。	・生徒一人ひとりが自分の考えをもてるように机間指導で支援する。
	・班で考え方を交流し，協働して説明を考える。	・4人の班をつくらせて，考えや意見を伝え合うように指示をする。また，よりよい説明になるように練り上げさせる。
	・各班でまとまった考えや意見を発表する。	・各班で考えた説明を発表させる。 ・生徒の発表を聞きながら，三角形の合同を利用した証明の流れを黒板にまとめる。
10分	4　本時のまとめとして，自分の言葉を使って説明文を書く。	・本時の学習を振り返り，自分なりの言葉で説明を文章で表現させる。 ・口頭で説明した通りに書けばよいことを伝えて，自由な形式で説明文を書かせる。

4 授業展開例

最初に三角形の合同条件を2人組で復習させ，本時の学習のめあては，三角形の合同条件のような既習事項を基に，図形の性質を筋道立てて論理的に説明することであることを伝えます。

次に，生徒に条件に合う図を作図させ，図形の性質を発見させる活動を行います。まず，作図の手順を提示し，教師が一つひとつの条件を説明しながら，黒板に条件に合う図を作図します。同時に，生徒は自分のノートに条件に合う図を作図します。

【作図の手順】
①線分 AC の中点を点 O とする。
② OB = OD となる線分 BD をかく。
③点 A と点 B，点 C と点 D を線で結ぶ。

生徒が作図を終えるまで時間をとり，机間指導をしながら，時間がかかっている生徒を支援します。早く終わった生徒には，同じ条件で形や大きさが違う別の図をかくように指示します。

生徒が図を1つ以上かいたのを確認したところで，「等しくかいていないのに，等しいところがあります。どこですか？」と質問し，自分がかいた図を観察させます。作図の条件にはないのに，結果的に等しくなっている辺の長さや角の大きさがあることに気づかせるために，作図に使った条件をもう一度確認しながら，等しい辺や角それぞれに同じ印をかき入れさせます。すると，生徒たちは直感的に，「AB と CD，∠OAB と∠OCD，∠OBA と∠ODC が等しくなっている」と予想しました。

そこで，「本当に等しくなっているかを調べてみよう」と指示し，等しいと予想した辺の長さや角の大きさを定規や分度器で測定させます。測定した値は，各生徒がかいた図に書き込ませて，辺の長さや角の大きさが等しくなっているところがあることを実感させるようにしました。

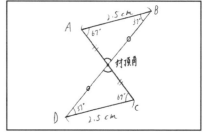

図1　生徒がかいた図

直感的な自分たちの予想が正しかったことを全体で確認し，本時の課題を提示しました。

課題　どの図においても，AB = CD となることを説明しよう。

まず，課題解決の見通しをもたせるために，説明の流れを全体の場で確認しました。

教　師　AB = CD となることを説明できそうですか？
生徒A　できる。定規で測ればいい。
教　師　自分がかいた図だけのことでなく，これまでの学習と同じように，この条件に合う図

であればどのような図であっても成り立つということを説明したいのです。どうすればいいですか？
生徒B　今までに学習したことを基にして，説明する？
教　師　そうでしたね。既習事項を基にして説明すると，いつでも成り立つことを説明できました。AB＝CDであることを，既習事項を使って説明できそうですか？
生徒C　三角形の合同を使えば言えそう。
教　師　この図の中に合同な図形がありますか？
生徒C　△OABと△OCDです。
教　師　合同に見えますね。この2つの三角形が合同であれば，AB＝CDと言えますか？
生徒D　言える。同じ形だから。
教　師　△OABと△OCDは，どの図でも絶対に合同だと言えますか？
生徒D　三角形の合同条件が成り立つから言える。

　三角形の合同を利用して説明することを生徒に意識させたところで，個人で考える時間をとります。教師は机間指導を行いながら生徒が自分の考えをもてるように支援します。また，説明の流れをつかめない生徒のために，「証明のしくみカード」（図2）を配り，視覚的なヒントを与えました。

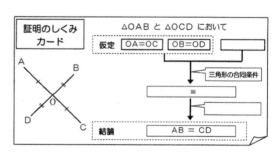

図2　証明のしくみカード

　次に，4人班で考えを伝え合う活動を行います。班内で説明し合い，わかりやすい表現に修正していくように指示します。説明するときは，ホワイトボードや「証明のしくみカード」を自由に使ってよいこととし，聞く人がわかりやすい説明になるように各班で工夫させました。

　全体で説明する場面では，希望する班から順に説明させ，教師は生徒の上手な表現を聞き取りながら「説明の流れ」を黒板に整理しました。各班からの発表が終わったところで，「今の説明をもう一度自分で説明しよう」と投げかけ，2人組で説明し合うペア活動を行いました。うまく説明できない生徒には，黒板の「説明の流れ」を見ながら説明するよう助言しました。

　最後に，本時のまとめとして，説明を文章に書く活動を行います。
　形式にはこだわらずに書いてよいことを伝え，口頭で説明していたことをそのまま文章にすればよいことを確認しました（図3）。

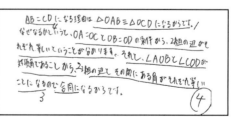

（楪木　敏之）

図3　生徒が書いた説明文

2年　図形　三角形と四角形

畑の境界線を引き直そう！

	体験する	発見する	説明する	利用する	振り返る	発展させる	協働する
習得・活用・探究という学習プロセスの中での，問題発見・解決を念頭に置いた深い学び	○			○			
他者との協働や外界との相互作用を通じて，自らの考えを広げ深める，対話的な学び			○				○
子供たちが見通しを持って粘り強く取り組み，自らの学習活動を振り返って次につなげる，主体的な学び					○	○	

1 授業のねらい

> 底辺が共通な三角形や合同な三角形を根拠に，等積変形を説明できるようにする。

2 授業づくりのポイント

　本時は境界線を引き直すという身近な教材※を扱います。まず，グループで作図ツール「GC」を操作させ，作図の手がかりとなる平行線に気づかせます。その気づきを課題として追究し，平行線上に点をとれば面積が等しくなる理由を考えさせます。その活動を通して平行線による等積変形について確認していきます。その後，「よりよい境界線は他にないか」と問い，合同な三角形を根拠に等積変形を説明させます。「GC」を用いてグループで点の位置を発見することで課題を見いだし，それを解決するという活動なので，生徒の意欲も持続します。

※ http://iijima.auemath.aichi-edu.ac.jp/ftp/yiijima/gc_html5s/goto/gchtml/gc_00119- 土地の境界線の問題 .htm

3 学習指導案

時間	生徒の学習活動	教師の指導・支援
8分	1 問題を把握する。	
	問題 台形の畑を村長と鈴木君が図のような境界線で使っています。今の境界線では使いにくいので，村長の土地の面積（五角形 ABFGE ＝350）を変えないように，点 G の位置を変えて境界線を引き直したいと考えています。	
	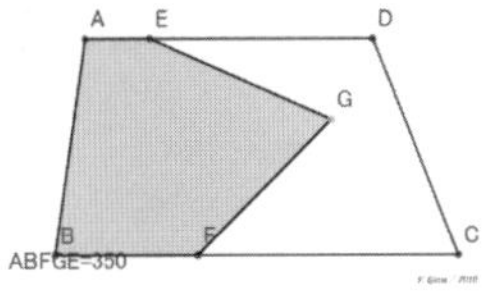	・4人ずつのグループに1台ずつタブレット PC を配付しておく。 ・「GC」を使って，村長の土地の面積が変わらない点 H をグループでいくつか見つけさせ，「GC」上に記録させることで，平行線に気づかせる。
17分	2 課題1を把握・解決する。	
	課題1 点 G を通り EF に平行な直線上に点 H をとると，なぜ面積は変わらないのだろう。	
	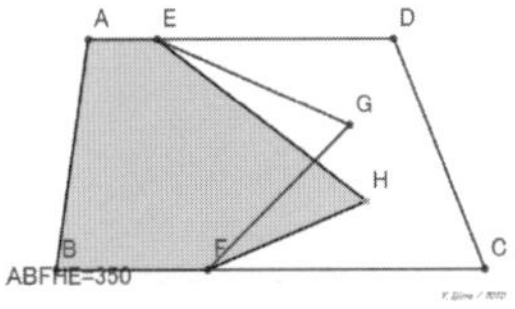	・「GC」での図の操作を通して，四角形 ABFE が共通していることに気づかせる。 ・個人で考えをもたせた後，グループ内で聞き合う時間をもつことで説明を精緻化させる。 ・グループでの活動の後，全体で確認する。その後，学習プリントの図に境界線を作図させる。
17分	3 課題2を把握・解決する。	
	課題2 課題1で確認した境界線よりも使いやすい境界線は引けないだろうか。	
	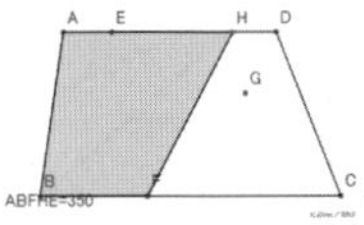 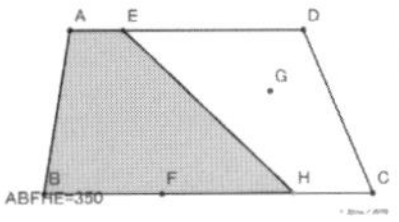 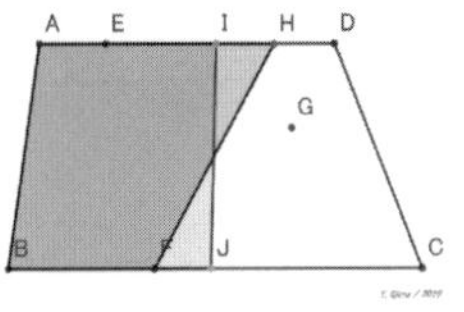	・課題1で見いだした境界線（左図）では村長がまだ使いにくいと満足しなかったため，より使いやすい境界線を見つける必要があることを伝える。 ・グループで意見を出し合いながら新しい境界線を探させる。 ・左下の図の線分 IJ（IJ ⊥ BC でなくてもよい）の存在に気づかせる。 ・点 I・J の見つけ方と四角形 ABJI の面積が変わっていない理由について調べさせる。
8分	4 解法を振り返る。	
	話し合い 境界線を引き直すために大切なことは何でしたか。	
		・学習を振り返り，底辺が共通な三角形や合同な三角形を根拠に等積変形を行うことのよさと，行うために必要な図形の見方を確認する。

4 授業展開例

　まず，問題を生徒に提示した後，4人1組のグループに1台ずつタブレットPCを配付し，「GC」の操作について確認をします。このとき，実物投影機を用いてタブレットPCで実際に操作する様子を大型テレビで見せます。

　指名した生徒に「村長の畑の面積を変えないように点Gの位置を動かしてください」と投げかけ，実際に動かしてもらいます。ここでは，点Gが動くことで，境界線が変わること，村長の畑の面積（「GC」で左下に数値が表示されています）の数値が変化することを確認します。指名した生徒が350となる新しい点を見つけた段階で，「GC」でその点を記録することを全体に確認します。

　操作の仕方を確認したらグループ活動に入ります。ここでは，面積の変わらない点を1人2か所（4人グループで合計8か所）見つけさせ，EFの平行線上に点が並ぶ（右図）ことに気づかせます。操作の過程でグループ内での対話を進め，「点がいくつもある」→「まっすぐ並んでいる」→「EFに平行な直線上に並んでいる」というように気づきを深めていきます。

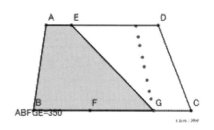

課題1　点Gを通りEFに平行な直線上に点Hをとると，なぜ面積は変わらないのだろう。

　前段のグループ活動でどんな気づきがあったかを確認した後，課題1を投げかけます。

　ここでは右図のようにして（実際には静止した図ではなく，点Hを動かしながら提示），四角形ABFEが共通していること，三角形EFGと三角形EFHの面積が等しくなっていることに気づかせます。

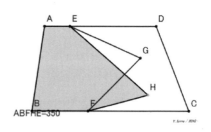

　ここでは，一人ひとりに自分の考えをもたせます。自分の考えをもつことができず困っている生徒には，他の生徒の図を見て参考にしたり，他の生徒に質問したりすることを確認しておきます。

　一人ひとりが自分の考えをもった後，グループ内で互いの考えを聞き合う時間を設けます。聞き合うとは互いの考えにしっかりと耳を傾け，他の考えのよさを自分の考えに取り込む活動です。グループでの操作活動を取り入れると，得てして授業に落ち着きがなくなる学級もあります。そんな学級では，「グループで話し合ってください」という指示だと，4人が同時に話

を始め，一見盛り上がっているようでも，実は学びが深まっていない，ということが少なくありません。そこで，「グループ内で順番に意見を述べ，聞き合ってください」と指示し，グループ内で話すのは1人に限定し，他の生徒にはその意見に耳を傾けさせます。

この聞き合う活動を通して，「高さが等しいから面積が等しくなる」と考えていた生徒は，「底辺が共通している三角形なので…」「底辺と高さがどちらも等しいので…」「四角形部分は共通しているので…」といった他の生徒の考えに触れ，その考えを取り込んでいくことで自分の考えを精緻化していくことができます。グループで聞き合う活動の後，全体で確認をし，学習プリントに新しい境界線を作図させます。

課題2 課題1で確認した境界線よりも使いやすい境界線は引けないだろうか。

ここでは，課題1で見いだした境界線の図を取り上げ，「村長さんは折れ線じゃなくなって喜んだけど，もっと使いやすい境界線にできないかなと言っていたよ」と生徒に伝え，課題2を提示します。

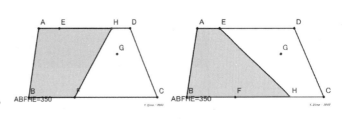

この課題はグループで取り組ませます。

生徒A （FHの）真ん中をまっすぐに分ければいいんじゃない。（IJを作図する）
生徒B これだと面積が変わらないかな？
生徒C △KFJと△KHIが合同だからいいと思う。
生徒D 本当に合同になるの？
生徒A 点KはFHの真ん中だからKF＝KH。（合同の証明）
生徒B 合同だから畑の面積は変わらないね。IJの境界線なら村長さんは満足するかな？

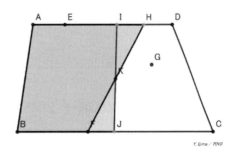

「GC」で図を操作させ，気づきに対して「なぜそうなるのか？」と問うことで課題1とし，さらに「他にないのか？」と課題2へと発展させました。このように授業を展開することで，生徒の意欲を継続させることができました。

（後藤　義広）

| 2年 | 資料の活用 | 確率 |

特殊さいころの和と確率について考えよう！

	体験する	発見する	説明する	利用する	振り返る	発展させる	協働する
習得・活用・探究という学習プロセスの中での，問題発見・解決を念頭に置いた深い学び	○	○					
他者との協働や外界との相互作用を通じて，自らの考えを広げ深める，対話的な学び							○
子供たちが見通しを持って粘り強く取り組み，自らの学習活動を振り返って次につなげる，主体的な学び					○		

1 授業のねらい

既習事項を活用し，先入観にとらわれずに確率の問題を解決できるようにする。

2 授業づくりのポイント

　生徒は，小学6年までに具体的な事柄について起こり得る場合を順序よく整理して調べること，中学1年でヒストグラムや代表値，相対度数について学習しています。
　そして2年で，確率の意味や求め方を学習します。本時の授業では1から6の目が1つずつある通常のさいころではなく，1の目が3つ，2の目が2つ，3の目が1つの特殊なさいころを使用します。まず，このさいころを提示して関心を高め，このさいころ2つを振ったときどの和が一番起こりやすいかを予想させます。和が2になるという予想が多い中，実験をすると予想と違う結果が得られます。「たまたま予想と違う結果になったんだ」「班によっては2が多かった」といった意見が出たところで，表を用いて考えさせていきます。

3 学習指導案

時間	生徒の学習活動	教師の指導・支援
5分	1 特殊なさいころの各面の数の確認，問題の把握をする。読み上げられた数が何を表しているのかを考える。	・特殊なさいころを提示し，各面を確認させる。 ・そのさいころを2つ投げ，和を読み上げる。 ・生徒には和であることは伝えず，読み上げた数が何を表しているのかを考えさせることで状況をしっかり把握させる。
	課題1　2つの特殊なさいころの和で，一番起こりやすい場合を予想し，試してみよう。	
3分	2 まず，個人で予想する。続いて，挙手し，全体で確認する。	・和が2から6のどの場合が多いか全員に挙手させる。
15分	3 ジグソー・グループ（JG）で実験を行う。	・さいころを振る，和を計算する，結果を記録する，施行回数を記録する担当を決め，4人班（ジグソー・グループ）で実験させる。
5分	4 各班の結果を板書する。各班の結果を見て，自身の予想と比較する。	・各班の生徒が同時に書きやすいように配慮する。 ・指名した生徒に感想を発表させる。
	課題2　2つの特殊なさいころの和で，一番起こりやすい場合を見つけ出そう。	
15分	5 実験を継続して行うグループ，確率を計算するグループに分かれて作業する（エキスパート・グループ＝EG）。	・特殊さいころは通常のさいころの数字を変えただけであり，特殊さいころのどの目が出ることも同様に確からしいことを確認して，確率が計算で求められることを押さえる。
5分	6 各エキスパート・グループで出た結果を発表する。全体で考えを共有する。	・各エキスパート・グループの代表から発表させる。
2分	7 本時の学習を振り返る。	・学習を振り返り，2つの特殊さいころの和のそれぞれの確率を知り，一番起こりやすい場合を確認する。

4 授業展開例

　前時に，1から6の目が1つずつある通常のさいころ2つを投げたときの和や積などの確率を求めました。表をつくり，起こり得る場合をしっかりと数え上げることを通して，確率を求められるようになりました。

　本時は，1の目が3つ，2の目が2つ，3の目が1つの特殊なさいころを2つ振る場合について考えさせます。まず，教師が2つのさいころを投げ，和を読み上げます。数回試行し，読み上げた数が何を表しているか考えさせます。問題の把握力を高めるために，あえて振る前に和であることは伝えません。さいころの目に関しても同様で，生徒に実際に触れさせて何の目がいくつあるのかを確認させます。

課題1　2つの特殊なさいころの和で，一番起こりやすい場合を予想し，試してみよう。

　この2つのさいころを投げたとき，和がいくつの場合が一番起こりやすいのかを予想させます。そして，いくつになる場合が多いか1から順番に挙手させます。予想時間が長すぎると計算する生徒が出てくるので，あくまで直感で答えさせます。

　以下は，実際の授業における結果（傾向と理由）です。

和が1…予想者なし。
　　　「積ならあり得るけれど，和の場合はありえない」
和が2…予想者多数。
　　　「1の目が3つずつあるから，両方1の目が出て和が2になる場合が多い」
※和が3，4，5，6の場合は，あえて理由を尋ねません。

　和が2になる場合が多いであろうという雰囲気の中で実験を行いたいので，和が3（以上）になると予想する生徒の考えはあえて聞きません。

　ジグソー・グループ（生活班）での実験は，各班の合計が360回になるように行います。

生徒A　和が3になる場合が多かったね。
生徒B　でも，うちらの班は，予想通り和が2になる場合が多かったよ。

生徒C　結局のところ，どうなんだろう…？
生徒D　どうすればわかるかな？
生徒E　もっと実験回数を増やそうか？
生徒F　それもいいけど，計算で確率を求めることはできないのかな？
教　師　計算で確率を求められるのは，どんな場合ですか？
生徒G　「どの目が出ることも同様に確からしい」と言えるときです。
教　師　Gさん，よく覚えていましたね。また，EさんもFさんもよい考えを出してくれました。このさいころは通常のさいころの数字を変えただけです。だから，このさいころは「どの目が出ることも同様に確からしい」と言えます。
生徒G　じゃあ，計算で確率を求めていいのですね。
教　師　はい。では，実験を継続するグループと，計算で求めるグループに分かれてもらいます。

> 課題2　2つの特殊なさいころの和で，一番起こりやすい場合を見つけ出そう。

生徒A　計算結果から，和が3になる場合が一番起こりやすいことがわかったね。
生徒B　和が2になる場合が多いという予想は外れてしまった…。
生徒H　一番起こりやすいのが和が3で，2番目が4，和が2になる場合は3番目っていうことに驚いたよ。
教　師　次に，もう一度実験してくれたグループの結果を見てみましょう。
生徒E　全グループで再度360回実験しました。和が2の場合が92回，和が3の場合が112回，和が4の場合が101回，和が5の場合が43回，和が6の場合が12回です。
教　師　1回目は，和が2の場合が87回，和が3の場合が128回，和が4の場合が105回，和が5の場合が31回，和が6の場合が9回でした。二度の実験を合計すると…？
生徒E　和が2の場合が179回，和が3の場合が240回，和が4の場合が206回，和が5の場合が74回，和が6の場合が21回です。
生徒A　計算すると，和が2～6になる確率はそれぞれ，$\frac{9}{36}$，$\frac{12}{36}$，$\frac{10}{36}$，$\frac{4}{36}$，$\frac{1}{36}$でした。
教　師　実験の方も確率を求めて，比較してみよう。試行回数は720回です。
生徒I　すごい，和が3の場合はぴったり同じだ！　その他もかなり近い値になってる。

　予想や見通しをもつことは大切ですが，先入観にとらわれ過ぎると失敗することもあります。本時は多数回の実験と計算という2つのアプローチで，問題を冷静に解決することの大切さを感じさせることができました。

(松尾　賢宏)

| 2年 | 資料の活用 | 確率 |

取り出した球の色はどうなる？

	体験する	発見する	説明する	利用する	振り返る	発展させる	協働する
習得・活用・探究という学習プロセスの中での，問題発見・解決を念頭に置いた深い学び	●	●					
他者との協働や外界との相互作用を通じて，自らの考えを広げ深める，対話的な学び			●				●
子供たちが見通しを持って粘り強く取り組み，自らの学習活動を振り返って次につなげる，主体的な学び					●		

1 授業のねらい

> 樹形図を使って，事象の起こりやすさを説明できるようにする。

2 授業づくりのポイント

　確率の学習は，起こりやすさを数値化することで不確定な事象を客観的にとらえ，根拠をもって判断できるようにすることがねらいです。しかし「起こりやすさ」は，長さや体積のように目に見えるかたちで量感をともなってとらえることが難しく，直観的にとらえて誤解してしまうことも多いものです。

　そこで本時は，実際に多数回の試行による実験を経験させながら，樹形図などの数学的手法を用いて調べることのよさについて，実感をともなって理解できるようにしていきます。また，「この問題を解決したい」という意欲を活性化させ，確率の数値の意味についての理解を深め，表現できるようにしていきます。

3 学習指導案

時間	生徒の学習活動	教師の指導・支援
2分	1　問題を把握する。	・「①白球3個」，「②白球2個と黒球1個」，「③白球1個と黒球2個」，「④黒球3個」の4通りの結果があることを確認する。
	問題　白球が2つ，黒球が1つずつ入った袋が3つあります。 それぞれの袋から球を1個ずつ取り出すとき，3つの球の色の組み合わせで最も出やすいものは何でしょうか。	
3分	2　出やすい色の組み合わせを予想する。（個人）	・自分の予想とその理由を発表させる。
	課題1　実験をして，結果を確かめよう。	
20分	3　実験方法を考えさせ，実際に実験を行って結果を確かめる。（グループ）	・実験に使えるものとして竹串を（生徒数×3）本用意してあることを伝え，それ以外の実験方法については話し合って決めさせる。 ・試行回数や無作為性など，できるだけ正しい結果を得るために必要な要素について考えさせる。（実験は3人グループとする）
	課題2　出やすい色の組み合わせを明らかにしよう。	
8分	4　実験結果と結びつけながら，出やすい組み合わせについて考察する。（個人）	・確率の実験では，偏った結果になることもあり得ることを確認し，出やすい色の組み合わせを論理的に説明できないか考えさせる。
12分	5　考えを交流し，共有する。（グループ・全体）	・4人グループで，自分の考えを発表させる。それぞれの考えのよさや共通点を交流する。 ・各グループの話し合いの様子を観察し，全体で取り上げるグループを指名して発表させる。
5分	6　本時の学習を振り返る。	・問題解決における数学的な考え方を明確にしながら，本時の学習を振り返る。 ・樹形図を基に起こりうる場合をすべて数え上げる際に，見た目が同じ結果でも区別して考えることにより，どの結果が起こることも同様に確からしいと言えることを押さえる。

4 授業展開例

前時に「2枚の硬貨の問題（2枚とも表，1枚が表で1枚が裏，2枚とも裏となる確率）」を通して，樹形図を用いて起こりうる場合を調べ，確率を求めることを学んでいます。

本時の問題は，「白球が2つ，黒球が1つずつ入った袋が3つあります。それぞれの袋から球を1個ずつ取り出すとき，3つの球の色の組み合わせで最も出やすいものは何でしょうか」というものです。結果を予想させると，おそらく次の2つに分かれると思われます。

---

①白球2個と黒球1個
　【理由】どの袋からも白球が出る確率は3分の2なので，　（ア）　から。

②白球3個
　【理由】どの袋からも白球のほうが出やすいから。

正解は①です。（ア）の部分の説明のしかたによって，確率の数値の意味について正しく理解できているかどうかをみることができます。例えば，「同じ袋から3回引くのと同じだから，3回のうち2回は白球，1回は黒球が出る」では正しいとは言えません。

一方で，②のような誤解も根強いものです。①の説明を聞いたとしても，この考え方の何が間違いなのか，そう簡単に生徒は納得してくれません。

2つの予想を交流（教師は②側にやや肩入れするように進めるとよいでしょう）しているうちに，双方に「もやもや感」が出てきます。ここが実態の見えにくい「確率」のおもしろいところです。「一体どちらが正しいのだろう？」「はっきりさせたい！」と思わせることが，本時の学習活動を活性化させるための重要なポイントです。

課題1　実験をして，結果を確かめよう。

さて，本時の問題解決過程では，まず実際に実験して確かめる活動を取り入れてみます。体験したことを分析し，その結果を解釈したり，意味づけしたりすることは，生徒の主体的な学びにつながります。また，「実際にやらなくてもわかる」という数学のよさを，実感をともなって理解できるようにすることがねらいです。

実験を行うにあたっては，試行回数や無作為性など，できるだけ正しい結果を得るために必要な要素について生徒自身に考えさせるようにします。また，実験の結果についても，それをそのまま「正しいもの」として鵜呑みにするのではなく，事実と異なる偏りが生じる可能性があることを含めて受け止めるようにさせます。このような姿勢は批判的思考力をはぐくむことにつながり，生徒自身が自らの学びを活性化させる力となります。本時の授業だけでなく，数

学の学習全体を通して大切にしたい視点です。

> **課題2** 出やすい色の組み合わせを明らかにしよう。

実験の結果について，まずは個人で考察させた後，4人グループで意見交流をさせます。

図1

図2

生徒A 前の時間みたいに，樹形図をかいてみたよ。（図1）
生徒B これだと，白球が2個になる場合と，1個になる場合が同じ確率ということにならない？
生徒C 実験結果とはちょっと違うわね。
生徒D 白球は2個あるんだから，樹形図はこうなるんじゃない？（図2）
生徒C これだと，実験結果とも合うと言えそうだわ。
生徒A なるほど。でも，なんでこれ（図1）だとダメなんだろう？
教　師 Aさんの樹形図からわかることと，Dさんの樹形図からわかることに違いはないかな？
生徒B Aさんの樹形図でも，色の組み合わせにはどんな場合があるかはちゃんとわかるわね。
生徒C Dさんの樹形図だと，同じ色の組み合わせが何通りかあることがわかるわね。例えば，「白－白－黒」の組み合わせは4通りあるわ。
生徒D そうだね。2個の白球を白1，白2のように区別するとわかりやすいね。
生徒B 「白1－白1－黒」「白1－白2－黒」「白2－白1－黒」「白2－白2－黒」の4通りということね。
生徒A そうか，僕のだと色の組み合わせを調べただけで，出やすさが違うということか。
教　師 それを「同様に確からしい」という言葉を使って説明できないかな？

このような活動を通して，確率の数値の意味を改めて振り返りながら，より確かな理解へと深めていくことができると期待できます。

（佐藤　宏行）

3年　数と式　多項式

式をできるだけ速く展開しよう！

	体験する	発見する	説明する	利用する	振り返る	発展させる	協働する
習得・活用・探究という学習プロセスの中での、問題発見・解決を念頭に置いた深い学び		○					
他者との協働や外界との相互作用を通じて、自らの考えを広げ深める、対話的な学び			○				○
子供たちが見通しを持って粘り強く取り組み、自らの学習活動を振り返って次につなげる、主体的な学び					○	○	

1 授業のねらい

> 乗法公式のしくみや公式のよさを理解させ、積極的に活用できるようにする。

2 授業づくりのポイント

　生徒は、これまでの算数・数学の学習において、面積や体積の公式などを「求め方を表すもの」としてたくさん学んできています。そして、本単元は「式を効率よく処理できるよさ」をもった公式とはじめて出会う機会となります。

　本時は乗法公式を扱う1時間目に当たります。そこで、ただ公式を暗記させるのではなく、数ある（多項式）×（多項式）の式の中で、公式の使い分けをどのように判断すればよいのか考えさせる中で、そのしくみやよさを十分に理解させます。また、「なぜその公式が使えるのか」を伝え合う場面を設定し、公式を学ぶ価値を実感させます。

3 学習指導案

時間	生徒の学習活動	教師の指導・支援
7分	1　前時の復習問題に取り組む。 　　（出題は以下の3種類を混合） 　　A　展開したとき同類項がない 　　B　展開した結果に同類項があるが，公式1とは異型 　　C　公式1と同型	・多項式同士の乗法で，展開した結果に同類項があるときは，それらをまとめることを確認する。 ・問題③のパターンに注目し，その方法について考えていくことを確認する。
	課題　式をより速く展開する方法について考えよう。	
3分	2　まず個人で考える。	・速く展開できる生徒には，「どんな場合に」「どのような方法でできるのか」を自分の言葉で説明できるよう考えさせる。
5分	3　考えを小グループで交流する。	・自分の言葉で相手にわかりやすく話すように促す。 ・他の人の発表を聞く中で，わからないところや納得のいかないところがあれば必ず質問させるようにする。
15分	4　全体で考えを共有し，一般化させる。	・挙手でグループ代表に発表させる。他の班の生徒も理解しやすいように，声の大きさを考えさせる。 ・発表を聞く中で，わからないところや納得のいかないところは必ず質問させる。他の考え方や補足説明がある場合には，発表させる。 ・必要に応じて「どんなときでも成り立つのか？」と問いかけ，文字を使い一般化させた考え方へと導く。
5分	5　課題に対するまとめをする。	・学習を振り返り，乗法公式1（$(x+a)(x+b)$の展開）としてまとめる。
10分	6　学んだ考え方を活用する。	・フラッシュカード等を使って，乗法公式1を使った展開の練習をする。「公式のよさ」については生徒の言葉で押さえる。
	7　発展課題に取り組む。	
	発展課題　$(2x+3)(2x+1)$の展開はどのようにすればよいだろうか。	
5分	8　本時の学習を振り返る。	・「2つの多項式に共通の項があれば，乗法公式1が使えると判断してよい」という結論を共有させる。

4 授業展開例

前時では，(多項式)×(多項式)の展開の方法と，展開したときに同類項がある場合はまとめることを学んでいます。そこで，導入では前時の振り返りとして，以下のような問題を出題し，解かせることで課題を導きます。

次の式を展開しなさい。
① $(x+4)(y-3)$　　② $(a+4)(b+2c-3)$　　③ $(x+5)(x+3)$
④ $(a-2)(a-3)$　　⑤ $(2x+4)(3x-2)$

生徒の解答には，以下の2通りの記述が見られます。

前時までの方法で展開している	結果を見通して展開している
$(x+5)(x+3)$ $= x^2+3x+5x+15$ $= x^2+8x+15$	$(x+5)(x+3)$ $= x^2+8x+15$

授業では，右のように，結果を見通して途中式を省略して展開している解答があったことを取り上げ，そのようにできる理由を全体に考えさせます。単に式を書くことを省略したのではなく，何か新しい見方によって素早く結果を導いているのではないか，ということを全体で確認し，学習課題を設定するわけです。

課題　式をより速く展開する方法について考えよう。

方法に気がついている生徒には，その説明の仕方を考えるように促します。「数の項同士をたしたものが x の係数になって，かけたものが最後にくる」という方法的な説明をする生徒に「どうしてその方法でできるの？」と問いかける生徒が出てくれば理想的です。必要に応じて授業者から質問を投げかけることも考えられます。

個人で方法やその説明を考えさせた後，4人グループで交流させます。ここで，議論する際のポイントは，以下の2点です。
①式の形がどんな場合に効率よく展開できるのか。
②どんな方法（見方・考え方）で展開すればよいのか。
　①については，多くのグループが，それぞれの（　）に含まれている文字の種類が同じで

係数が1であることがポイントになることに気がつきました。
　②については,「みなさんが気づいた規則性は,本当にどんなときでも成り立つのですか?」と問いかけると,数の項を文字で表して一般化させた説明を始めるグループが出てきました。生徒の発表をもとに,全体で乗法公式1（$(x+a)(x+b)$の展開）をまとめます。

　続いて,フラッシュカードやスライドを次々に提示して,公式を活用する練習に全体で取り組みます。短時間の練習でも,多くの生徒は式の展開が能率的にできるようになったことを実感します。また,それこそが公式のよさであることも確認することができます。公式のよさを全体で確認できたら,「公式が使える形であることが判断できたならば,公式を使って能率的に式を展開していくことにしよう」と,今後の学習の方針についても,全体で確認する機会としたいところです。
　また,フラッシュカードの中に発展的内容を意図的に加えておくと,以下のような展開が期待できます。

教　師　それでは,この問題はどうでしょうか?
（$(2x+3)(2x+4)$を提示する）
生徒A　無理!　だってxじゃなくて$2x$だから。
生徒B　いや。別にxが$2x$になっても,同じやり方でできると思います。
教　師　さあ,どっちが正しいんだろう?　ちょっと意見交流してみてください。
生徒A　あ,できる!　$2x$の2乗をして,3+4に$2x$をかけて,3と4をかければいい!

　結果,生徒たちは「それぞれの（　　）に共通の項があれば乗法公式1が使える形と判断できる」という結論にたどりつき,$(x-2)(3+x)$や$(-x+5)(-x+3)$などについても,乗法公式が使える形であると判断しました。

　本時の授業を通して学んだ見方が定着すると,以降の学習にもつながります。
　例えば,$(a+b)^2 = a^2+2ab+b^2$の展開について生徒たちは,「（前の項の2乗）+（前後の項の積の2倍）+（後の項の2乗）」という言葉で表現しました。$(a-b)^2$の展開も同様に説明できますし,$(-x-6)^2$や$(3x-4y)^2$といった式でも,別の形として考え直す必要がなく,スムーズに展開することができるようになります。
　生徒たちには,これからの数学の学習で出会う様々な公式を価値あるものとしてとらえ,積極的に活用しようとする姿勢を身につけてほしいと願っています。

（佐々木　亘）

| 3年 | 数と式 | | 平方根 |

面積が2cm²の正方形の1辺は何cm？

	体験する	発見する	説明する	利用する	振り返る	発展させる	協働する
習得・活用・探究という学習プロセスの中での，問題発見・解決を念頭に置いた深い学び		●					
他者との協働や外界との相互作用を通じて，自らの考えを広げ深める，対話的な学び							●
子供たちが見通しを持って粘り強く取り組み，自らの学習活動を振り返って次につなげる，主体的な学び					●		

1 授業のねらい

> 根号の必要性と意味を理解できるようにする。

2 授業づくりのポイント

　この授業のポイントは，生徒に無理数の近似値を逐次近似的に求める活動を実際に行わせることです。生徒は前時に面積が2cm²の正方形をかく活動を通して，2乗して2になる長さの辺が存在することに気づいています。さらに，それを定規で測っておよその長さもわかっています。本時ではそのおよその長さを正確に求めようと発問し，実際に近似値を求める活動を行わせ，今までに学習した数では表せない数があることを実感させます。

　また，2乗して2になる数が小数では表せないことを説明させることも大切です。現段階では有理数で表せないことを正確に証明することはできませんが，既習内容の活用につながりますし，今までに学習した数では表せないことを，より深く理解することができます。

3 学習指導案

時間	生徒の学習活動	教師の指導・支援
2分	1 前時の復習をする。	・前時では，1㎝方眼を使って面積が1，2，4，5，8，9，10㎠の正方形をかいたことを想起させる。 ・1辺の長さが簡単にわかるものとあいまいなものがあることに気づかせ，課題1を設定する。
	課題1 面積が2㎠の正方形の，1辺の長さを正確に求めよう。	
10分	2 全体で考える。	・まずは学級全体で考え，近似値を逐次近似的に求める方法を知らせる。 ・学級全体で，小数第3位までの近似値を逐次近似的に求め，その方法をきちんと理解させる。 ・求める方法が理解できてから，学習活動3に移る。
10分	3 個人で考える。	・電卓を使ってよいことにする。 ・考える時間をしっかりとり，小数点以下がずっと続きそうであることを実感させる。
5分	4 全体で考えを共有し，課題2を設定する。	・代表生徒に求めた近似値を発表させる。 ・正確な値を求めようとすると小数点以下がずっと続きそうであることから，課題2を設定する。
	課題2 小数点以下は，ずっと続くのだろうか。	
10分	5 個人で考える。	・小数点以下がずっと続くと思う生徒にはその理由を，続かないと思う生徒には正確な値を考えさせる。
10分	6 全体で話し合う。	・小数と小数をかけたときに，答えが整数になるのはどんなときなのかを考えさせる。 ・2乗したときに一の位が0になる1桁の数がないことに気づかせる。
3分	7 本時の学習を振り返る。	・今まで学習した数では表せない数があることに気づかせる。 ・平方根や根号の意味を知らせる。

4 授業展開例

前時では，平方根の導入として「面積が1㎠，2㎠，3㎠，…，10㎠の正方形を，1㎝方眼を使ってかいてみよう」という授業を行いました。面積が1，4，9㎠の正方形は簡単にかくことができますし，2，5，8，10㎠の正方形も少し工夫するとかくことができます。

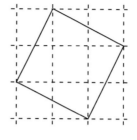
面積が5㎠の正方形

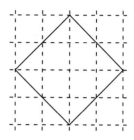
面積が8㎠の正方形

それらの正方形をかかせた後に，それぞれの正方形の1辺の長さについて考えさせました。面積が1，4，9㎠の正方形は，1辺の長さがすぐにわかります。しかし面積が2，5，8，10㎠の正方形は定規で測っても正確な値がでません。例えば，面積が2㎠の正方形の1辺の長さを定規で測ると，1.4㎝と1.5㎝の間にあることはわかりますが，$1.4^2=1.96$，$1.5^2=2.25$ですから，それらは正確な値とは言えません。もちろん1.45㎝と考えたときも同様です。このような正方形の1辺の長さを考える活動を通して，長さのあいまいな線分が存在していることを理解させました。

また，面積が3，6，7㎠の正方形は1㎝方眼を使うだけではうまくかけません。しかしここでは長さのあいまいな線分が存在していることを理解できればよいので，面積が2，5，8，10㎠の正方形の存在を確かめられれば十分です。もちろん生徒には「面積が3，6，7㎠の正方形はかけるのだろうか」という疑問が残りますので，その疑問については，3年の学習の最後のころに考えることにしました。

本時は，まず前時のことを全体で復習してから課題1に入りました。

課題1 面積が2㎠の正方形の，1辺の長さを正確に求めよう。

まずは，前時の学習活動から面積が2㎠の正方形の1辺の長さをxとしたとき，$1.4<x<1.5$であることを全体で確認しました。その後，$1.41^2=1.9881$，$1.42^2=2.0164$だから$1.41<x<1.42$，さらに$1.414^2=1.999396$，$1.415^2=2.002225$だから$1.414<x<1.415$であることを生徒に確認させ，xの値の小数第3位は4であることを求めさせました。

このようにして，逐次近似的に近似値を求める方法を全体で理解させた後，個人で課題1に取り組ませました。

しばらく個人で考えさせると，生徒は正確な値を求めることの困難さに気づき始めました。

そこで生徒の「計算が大変だ」「終わりがない気がする」といった意見を取り上げながら，課題2を設定しました。

> **課題2** 小数点以下は，ずっと続くのだろうか。

課題2を設定した直後に生徒に尋ねたところ，「がんばればいつかは正確な値が求まるはずだ」という生徒と「ずっと続いて正確な値は求まらない」という生徒に分かれました。そこで，正確な値が求まると思う生徒はその値を，正確な値は求まらないと思う生徒はその理由を考えよう，と投げかけ，個人で考えさせました。

しばらく個人で考えると，正確な値は求まらないのではないかと思う生徒が増えてきました。しかし，その理由を説明することができずにいたので全体で話し合うことにしました。

生徒A　いろいろ試したけど，2乗して2になる数が見つからない…。
生徒B　「小数点以下がずっと続いちゃう」と言いきりたいけど，説明が…。
教　師　小数と小数をかけた答えが整数になるのは，どんなときなんだろう？
生徒C　う〜ん。少なくとも答えの小数点以下が0にならないとまずいよね。
生徒D　あっ！　2乗したときに一番下の桁が0になることはないから，終わりはありません！
教　師　もう少し詳しく教えてください。
生徒D　2乗する小数の一番下の桁に注目すると，1桁の数で2乗したときに一の位が0になるものはないから，答えの一番下の桁が0になることはありません。

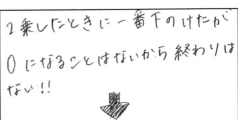

このようなやりとりを通して，2乗して2になる数は小数で表すことができないことを実感させました。そのうえで，今まで学習した数ではうまく表せない数があることや，そのような数を表すために根号があることを伝えました。

最後に，次時ではもう少し詳しく平方根の意味や根号の使い方を学習することを予告して，授業を終えました。

（田中　真也）

| | 3年 | | 数と式 | | | | 平方根 | |

ぴったり$\sqrt{5}$cmの長さの線分をかこう！

	体験する	発見する	説明する	利用する	振り返る	発展させる	協働する
習得・活用・探究という学習プロセスの中での，問題発見・解決を念頭に置いた深い学び	●	●					
他者との協働や外界との相互作用を通じて，自らの考えを広げ深める，対話的な学び			●				●
子供たちが見通しを持って粘り強く取り組み，自らの学習活動を振り返って次につなげる，主体的な学び					●		

1 授業のねらい

無理数の長さの作図方法に気づかせ，その手順を説明できるようにする。

2 授業づくりのポイント

生徒は，数の世界を自然数から有理数へと広げることで，どんな細かい数でもきちんと表せるようになりました。しかし，平方の計算の逆操作から「平方根」を考えると，有理数ではない数，すなわち無理数が現れます。$\sqrt{5}=2.2360679\cdots$と永遠に続く無理数は，生徒にとって何ともつかみにくい数であり，今までの「3」のような明瞭な数ではなく「2乗すれば5になる数」という大きさのはっきりしない数なのです。

本時は，まず$\sqrt{5}$cmの作図方法を考えさせます。方眼紙上での作業を取り入れ，無理数の長さを定義に従って表す方法を考え出し，それをグループ内で説明させます。さらに，「他の無理数も作図できないか？」と発展的に課題を拡げていきます。

3 学習指導案

時間	生徒の学習活動	教師の指導・支援
3分	1 前時の復習をする。	・前時に学習した平方根の定義を復習し，$\sqrt{5}$の大きさ（2.236…）を確認させる。 ・本時は，長さでとらえることを伝える。
	課題1 ぴったり$\sqrt{5}$cmの長さの線分をかく方法を説明しよう。	
10分	2 まず個人で考える。次に，グループで予想や考えを共有する。	・4人ずつのグループで話し合わせ，自分の言葉で相手にわかりやすく話すように促す。 ・他の人の考えを聞き，わからないところやもっとよいアイデアがないかを積極的に話し合わせる。 ・$\sqrt{5}$の数2.236…は細かすぎて定規で測れないため，別な方法はないかを考えさせる。 ・$\sqrt{5}$の定義を基に，「$\sqrt{5}$cmの2乗は5cm²」であることから，面積5cm²の正方形をつくればよいことに気づかせる。
5分	3 グループで話し合ったことを，ホワイトボードにまとめる。	・説明は，「説明の順番（論理性）」「用語の適切な使用（表現）」「説明に対して予想される質問」の3点に注意しながら，わかりやすく組み立てさせるようにする。
10分	4 ホワイトボードでグループの考えを発表し合い，全体で共有する。	・他のグループの生徒も理解しやすいように，声の大きさや説明の方法を工夫させる。 ・他のグループの発表でわからないところは必ず質問させ，全部の発表が終わって他の考え方を思いついたときには，発表させる。 ・無限に続く数の長さも，その定義を基に表す方法を考えられることに気づかせる。
	課題2 $\sqrt{2}$cmから$\sqrt{10}$cmまでの長さの線分をかく方法を考えよう。	
5分	5 課題2を知る。	・グループで課題2を考えさせる。方眼紙を使って考えさせるようにする。 ・課題1を振り返り，「斜めの正方形」を正しくつくる要領を身につけさせる。
12分	6 全体で考えを共有する。	・課題2について，グループの代表に発表させる。 ・2～10cm²の正方形の「できる場合」と「できない場合」の違いを考え，法則性を追究させる。
5分	7 本時の学習を振り返る。	・学習を振り返り，無理数の長さの作図方法をまとめる。また「できる場合」の法則を「できない場合」に当てはめて考えてみるよう促す。

4 授業展開例

前時までに，平方根の定義や表し方，また無理数の具体的な大きさ（$\sqrt{2}=1.414\cdots$）を確認しました。1，4，9など平方数の平方根については，±1，±2，±3と理解しやすかったのですが，5のような数の平方根はうまくとらえられず，$\sqrt{5}$の数値がどういう範囲にあり，何の（どの部分の）大きさなのかをとらえきれずにいました。

本時は，今までのことを全体で復習し，課題1に入りました。

> **課題1** ぴったり$\sqrt{5}$cmの長さの線分をかく方法を説明しよう。

まず，個人で考えさせると，$\sqrt{5}=2.236\cdots$であることから，定規の目盛りで約2.2cmをとる生徒が多くいました。ここで「ぴったり」という言葉にこだわり，定規では$\sqrt{5}$を正確にはとらえられないことに気づかせ，思考を揺さぶります。

では，どうすればぴったりの長さの線分をかくことができるのか，長さを正しくとらえるための観点（考える切り口）をグループで考えさせます。すると，「$\sqrt{5}$ってどんな大きさ？」という，自分たちがとらえきれていなかったこと（疑問の出発点）を振り返るようになります。ここで$\sqrt{5}$（cm）の定義を再確認することになります。「『2乗すると5になる長さ』とはどんな長さなのか？」を考えることを通して，長さの2乗が面積になることから「正方形」という切り口が浮かび上がってきました。

正方形をかいて，面積が5cm²ならば，その1辺の長さは$\sqrt{5}$cmになります。このことから，次は面積5cm²の正方形のかき方を考えます。ここで1cmの方眼紙を配り，グループで話し合って面積5cm²の正方形を探させます。生徒にとって，これまで方眼でできた正方形の面積は，1cm²，4cm²，9cm²，16cm²…とすべて平方数なので，求める5cm²はありません。

そこで，正方形が45°回転して斜めになっている状態を考えます。下図はそのような正方形の例ですが，この図形が正方形であることは容易に証明できます。では，面積はどうなっているのでしょうか？ 生徒は正方形の内部にある直角二等辺三角形の面積を合わせて（図1：0.5cm²×4＝2cm²）計算します。また，正方形を覆うようにつくった大きい正方形から四隅の直角三角形をひいて（図2：16cm²－2cm²×4＝8cm²）求めようとします。

しかし，この場合でも正方形の面積はそれぞれ2cm²，8cm²となり，5にはなりません。

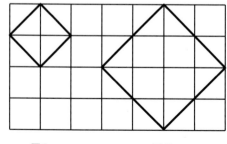

図1　　　図2

そこで，方眼を利用して「少しだけ斜めになった正方形」を考えます。この場合も正方形の証明や面積の計算は容易で，次のようになります。

図3：9㎠－1㎠×4＝5㎠
図4：16㎠－1.5㎠×4＝10㎠

つまり，課題1の答えは図3の正方形の1辺で，高さ1㎝，底辺2㎝の直角三角形の斜辺ということになります。

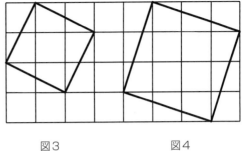

図3　　　　図4

| 課題2 | $\sqrt{2}$㎝から$\sqrt{10}$㎝までの長さの線分をかく方法を考えよう。|

課題1の方法を利用すると，$\sqrt{4}$と$\sqrt{9}$以外に，$\sqrt{2}$㎝，$\sqrt{5}$㎝，$\sqrt{8}$㎝，$\sqrt{10}$㎝はかくことができました。しかし，$\sqrt{3}$㎝，$\sqrt{6}$㎝，$\sqrt{7}$㎝は，まだかくことができていません。

生徒A　2，5，8，10はできるんだよね。

生徒B　3，6，7はできない。

生徒C　当たり前だけど1，4，9はできるよね。これって，1^2，2^2，3^2だからだね。

生徒D　そうそう。2乗になっているからだ。

生徒A　あれ？　課題1では高さ1，底辺2の直角三角形で斜辺が$\sqrt{5}$だったよね。これって，$5＝1^2＋2^2$だね。2乗の和になってるよ。

生徒C　本当だ。図4では，$10＝1^2＋3^2$だ。1と3の2乗の和になっている。

生徒D　なるほど。それじゃあ，$2＝1^2＋1^2$，$8＝2^2＋2^2$で2乗の和だね。できるのは全部「2乗の和」になっているね。

生徒A　そうか，3，6，7は2乗の和にできないんだね。

生徒B　できるよ。$6＝1^2＋1^2＋2^2$だよ。2乗の和だ。

生徒D　それは，$(1^2＋1^2)＋2^2$だから，$1^2＋1^2＝2$をして，それを（コンパスで）高さにし，$(\sqrt{2})^2＋2^2＝6$とする，という2段階（図5）だね。

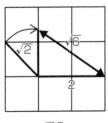

図5

生徒C　そうか。それなら，$3＝1^2＋1^2＋1^2$もできそうだね。やってみよう！

課題2は「三平方の定理」につながる考え方なので，グループでレポートをまとめさせ，「三平方の定理」の導入でそのレポートを振り返ることもできます。

（宇治野忠博）

3年　数と式　2次方程式

2次方程式の解き方をまとめよう！

	体験する	発見する	説明する	利用する	振り返る	発展させる	協働する
習得・活用・探究という学習プロセスの中での，問題発見・解決を念頭に置いた深い学び		○					
他者との協働や外界との相互作用を通じて，自らの考えを広げ深める，対話的な学び							○
子供たちが見通しを持って粘り強く取り組み，自らの学習活動を振り返って次につなげる，主体的な学び					○		

1 授業のねらい

問題に応じて，2次方程式の解き方を使い分けることができるようにする。

2 授業づくりのポイント

　生徒は，1元1次方程式，連立2元1次方程式の学習を経て，2次方程式ではこれまで以上に多くの場面で方程式を問題解決に活用できるように学習を進めています。また，前時までに解の公式の意味と導き方を身につけており，具体的な問題を通じて解の公式の用い方を学習しています。

　本時は，解の公式の使用場面を考えることをきっかけとしながら，2次方程式の解き方を使い分ける方法を身につけさせることをねらいとします。問題解決の授業を指導法として取り入れながら，「2次方程式の解き方は，どのように使い分ければよいのだろうか？」という課題を解決することで，問題に応じて工夫して解く力を伸ばしていきます。

3 学習指導案

時間	生徒の学習活動	教師の指導・支援
3分	1 問題を提示する。	
	問題　次の①〜④の2次方程式で，解の公式を使うとよいのはどれだろうか。	
2分	2 答えを直観的に予想する。	・①〜④の式を板書し，式だけを見せながら，解の公式を使うと予想した式に挙手させる。
5分	3 個人で考えて判断する。	・ノートに問題を書かせた後，実際に4つの方程式を解かせる。その際，既習のどの解き方を利用したかをメモさせる。
	課題　2次方程式を解いて，解の公式を使う（使わない）理由を考えよう。	
10分	4 全体で解き方を共有し，違いを比較し合う。	・机間指導をしながら生徒の解き方を把握し，指名して板書させておく。 ・因数分解・平方根（平方完成）・解の公式の解き方を意図的に取り上げるようにする。 ・全体で解き方とその解を確認していく。
10分	5 解の公式の使用場面について，式の形や数値などから考えていく。	・同じ問題でも，人によっては解き方が違うことを取り上げ，解の公式を使用する場面について考えさせる。 ・解の公式を使った方がよい式の特徴をとらえさせながら判断させる。
	追加課題　2次方程式の解き方は，どのように使い分ければよいだろうか。	
10分	6 因数分解・平方根（平方完成）・解の公式の使い分け（優先順位など）を図に表現する。	・解の公式の使用場面を踏まえて，これまでの学習を総合的に振り返らせ，いろいろな解き方の使い分けを考えさせる。 ・個人の考えを周囲と共有させ，全体の傾向をとらえさせる。
5分	7 確認の問題を基にして，特殊なタイプの2次方程式を解くことで，使い分けの有効性について考える。	・意図的な数値の2次方程式を与えることで，先ほどの使い分けが有効であったかを確認する。 ・挙手などをさせて全体の傾向をとらえ，その解決方法の多様性について共有する。
5分	8 教科書で本時の学習を振り返る。	・具体的な2次方程式を見せながら，どの方法で解くのかを判断させて口頭で言わせる。

4 授業展開例

2次方程式の基本的な解き方は前時までに学習を終えているので，本時は問題を提示して，直観的に予想させることから授業を始めました。

問題は右のように提示しました。黒板に①〜④の式を書き，問題を伝えながら「解の公式を使うのは？」と書き加えました。問題はノートに書かせて，解の公式を使うと考えた問題の番号を記入させました。

> 問題
> 解の公式を使うとよいのはどれだろうか。
> ① $x^2 - x - 72 = 0$　　② $2x^2 - 3x + 1 = 0$
> ③ $4x^2 = 9$　　④ $x^2 - 6x + 7 = 0$

多くの生徒が②と④と予想していたので，実際に2次方程式を解きながら，どの方法で解決をしていたのかをメモするように指示しました。そこで，本時の課題を次のように設定し，個人で考える時間を与えました。

> 課題　2次方程式を解いて，解の公式を使う（使わない）理由を考えよう。

時間を3分ほど与えて机間指導していると，おおよそ次のような傾向が見られました。

> ①因数分解する（ほぼ全員）
> ②解の公式を利用する（多数）／たすき掛けを使って因数分解する（数名）
> ③両辺を4でわって平方根を求める（多数）／9を移項して因数分解する（数名）
> ④解の公式を利用する（多数）／両辺に2を加えて平方完成を利用する（数名）

この問題で解の公式を使う場面をイメージさせることができました。そこで，さらに追究させるために，「解の公式を使う決め手は何だろうか？」と問いかけて，生徒とのやりとりの中で意見を協働的に出し合いながら考えることにしました。

生徒A　因数分解ができないときに使うといいよ。②の因数分解は難しいよ。
生徒B　④は平方完成するのが僕は大変だから，解の公式を使ったけど…。
生徒C　でも，④は9があれば因数分解できるから，計算は楽だと思うな。
教　師　ちなみに，③のように項の数が少ないときは，解の公式は使わないのかな？
生徒A　式の形が違うから，解の公式でなくてもいい気がする。
生徒B　やっぱり最初が x^2 になっていないときは，因数分解とかできないからね。
生徒C　式の係数を見るのがいいんだと思う。

生徒の話し合いの中から，解の公式を使う場面をイメージさせることができました。また，「いつでも解の公式を使う」という生徒の考えも認め，解き方を工夫していくことが大切であることを確認しました。ここで，2次方程式の解き方は終わりですが，解き方の工夫を考えさせるために，次の追加課題を投げかけました。

解の公式を使う決め手は？
・x^2の係数が1かどうか ・xの係数が偶数かどうか ・共通因数があるかないか ・乗法公式が使えるかどうか

追加課題　2次方程式の解き方は，どのように使い分ければよいだろうか。

　ここでいう「解き方」とは，因数分解・平方根（平方完成）・解の公式を指しています。これらの使い分けを考えて整理することで，より簡潔に2次方程式が解けるはずです。

生徒A　因数分解が最初で順にやってみるといいよ。解の公式は最後かな。
生徒B　平方根もやりやすいよ。形が違うから見つけやすいと思わない？
生徒C　平方完成って難しい感じもする。解の公式じゃダメなの？
教　師　4つが順に並んでいない人もいるんだよね。
生徒D　僕は右みたいにしたんだけど，先に探すのは因数分解か平方根なのはみんなと同じだよ。

因数分解 ⇨ 平方根 ⇨ 平方完成 ⇨ 解の公式

因数分解・平方根
⇩
平方完成・解の公式

　最後に教師から例題として，「$x^2-80x-1596=0$ ならどのように解くかな？」と問いかけて，少し時間を与えることにしました。使い分けを参考にして解こうとしましたが，因数分解や解の公式を使おうとした生徒からは「計算が大変」という声が出てきました。「平方完成が楽だ！」という声を聞いて驚いた生徒が多数いて，周囲で見比べ始めるようになりました。

$$x^2-80x+1596=0$$
$$x^2-80x+1600=4 \quad \text{両辺に}+4$$
$$(x-40)^2=4$$
$$x-40=\pm 2 \quad \text{平方根}$$
$$x=40\pm 2$$
$$x=42,38$$

　こうして全体で1つの例題を考えながら声を掛け合い共有し合うことで，2次方程式の解き方を工夫することができました。これらを通じて，使い分けを考えることの必要性や解の公式のよさについて触れるとともに，本時の学習について教科書を見ながら確認していきました。

5　評価について

　単元テストでは，2次方程式を解かせるだけではなく，どの方法で解けばよいのかを書かせる問題を出題することで，工夫して解くことへの理解と定着を図ることが可能になります。

（谷地元直樹）

3年　関数　関数 $y = ax^2$

豆腐の容器をデザインしよう！

	体験する	発見する	説明する	利用する	振り返る	発展させる	協働する
習得・活用・探究という学習プロセスの中での，問題発見・解決を念頭に置いた深い学び	○			○			
他者との協働や外界との相互作用を通じて，自らの考えを広げ深める，対話的な学び			○				○
子供たちが見通しを持って粘り強く取り組み，自らの学習活動を振り返って次につなげる，主体的な学び					○		

1 授業のねらい

関数 $y = ax^2$ を使って，容器の断面積が最大になる場合について考えさせる。

2 授業づくりのポイント

　生徒は，1年で比例と反比例，2年で1次関数について理解するとともに，関数関係を見いだし，表現することについて学習しています。
　この授業では，豆腐の容器の断面積を最大にするために，折った長さと底辺の長さをそれぞれどれだけにすればよいかを考えさせます。課題を把握するために，生徒は実際に紙を折って考えることから始めます。そして，容器の断面積を最大にするために，表や式，グラフをつくって考察していきます。さらに，最大になる根拠を明らかにし，その根拠を言葉で表現（発表）させます。これらの活動を通して，身の回りの問題を解決するうえで数学が有効であることを実感させていきます。

3 学習指導案

時間	生徒の学習活動	教師の指導・支援
5分	1　課題1を知る。	
	課題1　豆腐を販売する会社が，右のような新しい容器をつくることにしました。 底面は長方形で，横の長さは12cmにします。 また，（深さ×2＋底辺の長さ）は，16cmにします。 豆腐がなるべくたくさん入るように，容器の断面積を最大にしたいと考えています。どうすれば最大になるだろうか。	
10分	2　配布された縦16cm，横12cmの用紙を使い，両端から同じ長さを直角に折って容器をつくる。	・数学の問題として考えやすくするために，容器の形を直方体として考えさせる。 ・底辺の長さや折った長さに注目させ，そこから断面積に視点を向けさせる。 ・わからないところや納得いかないところがあれば，必ず質問させるようにする。
	課題2　豆腐の容器の断面積を最大にするには，両端から何cmのところを折ればよいのだろうか。	
20分	3　個人で考える。その後，グループをつくって話し合う。	・課題把握が困難な生徒には，用紙を使って1cmずつ折る長さを変えて断面積を求めさせ，折る長さと断面積の変化に気づかせる。 ・表やグラフを用いることにより，折る長さと断面積の関係を見いださせ，断面積の最大値が1つだけとれることに気づくように支援する。 ・グラフが既習の比例や反比例のグラフでないことに触れる。
10分	4　全体で考えを共有する。	・課題2について発表させる。 ・折る長さを変えると断面積も変わり，$y = ax^2$の特徴である対称性や，最大値が存在することを確認する。
5分	5　本時の学習を振り返る。	・授業を振り返り，表やグラフのよさをまとめるとともに，数学の有用性についても触れる。

4 授業展開例

豆腐の容器を提示しながら，課題1に入ります。

> **課題1** 豆腐を販売する会社が，右のような新しい容器をつくることにしました。
> 底面は長方形で，横の長さは12cmにします。
> また，（深さ×2＋底辺の長さ）は，16cmにします。
> 豆腐がなるべくたくさん入るように，容器の断面積を最大にしたいと考えています。
> どうすれば最大になるだろうか。

数学の問題として考えやすくするため，容器は直方体として考えることを押さえたうえで，右図の斜線の部分が容器の断面になることを生徒とともに確認します。

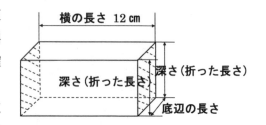

次に，容器の断面積を最大にするためには，何に着目すればよいのかを考えさせます。縦16cm，横12cmの用紙を配付し，両端から同じ長さを直角に折って容器をつくらせます。また，断面積はどのように計算して求めるのかも確認します。

どこで折っても断面積は同じになるのではないか，と考える生徒に対しては，具体的な数値で計算させ，折る部分の長さが変われば断面積が変わることに気づかせます。

断面積を最大にするには何を変えればよいのかを確認して，課題2に入ります。

> **課題2** 豆腐の容器の断面積を最大にするには，両端から何cmのところを折ればよいのだろうか。

解決方法を検討させながら，課題を解決していきます。

生徒A とりあえず，図をかいてみよう。

生徒B　一番大きくなりそうな長さを決めて，面積を求めてみよう。
生徒C　断面の形が正方形のとき断面積が最大になると思うから，そこから折った長さを求めてみよう。折る長さは…，16÷3＝5.333…より，約5.3cmだ。
生徒D　折った長さ（深さ），底辺の長さ，断面積を表にして求めてみよう。
生徒E　折った長さを x，断面積を y として式に表すと，$y = x(16 - 2x)$ になる。
生徒F　折った長さを横軸，断面積を縦軸にして，グラフをかいて求めてみよう。

教　師　それでは，自分の考えを発表してみましょう。

生徒G　断面の折った長さを1，2，3cm…と変えて，表に表してみました。その結果，折った長さが4cmのとき面積が一番大きくなると考えました。

折った長さ	0	1	2	3	4	5	6	7	8
底辺の長さ	16	14	12	10	8	6	4	2	0
断面積	0	14	24	30	32	30	24	14	0

生徒H　$y = x(16 - 2x)$ の式に，1，2，3…と x の値を代入し，グラフに表すと，右のようになりました。グラフの頂点が4cmのところにあるから，そのときが最大になると考えました。

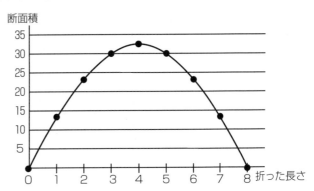

　表に表すと，折った長さが4cmのときを基準にして，左右の断面積が同じになっています。その対称性より，断面積32cm²が最大であることがわかりました。
　また，グラフに表すと，折った長さが1cmから4cmまでは断面積が増加し，4cmを境に断面積が減少していることから，同じく4cmのとき断面積が最大になることがわかります。

　これらの活動を通して，問題解決における表やグラフの有効性を生徒に実感させることができました。

5 評価について

　学習を振り返らせ，「折った長さと底辺の長さの比が1：2になるとき断面積が最大になるのはなぜか」という新たな課題を与え，レポートにまとめさせることができます。

（浜田　兼造）

| 3年 | 図形 | 相似な図形 |

相似を利用していろいろな方法で証明してみよう！

	体験する	発見する	説明する	利用する	振り返る	発展させる	協働する
習得・活用・探究という学習プロセスの中での，問題発見・解決を念頭に置いた深い学び		○					
他者との協働や外界との相互作用を通じて，自らの考えを広げ深める，対話的な学び			○				○
子供たちが見通しを持って粘り強く取り組み，自らの学習活動を振り返って次につなげる，主体的な学び					○		

1 授業のねらい

相似な図形の性質を利用して，三角形の角の二等分線の性質を証明できるようにする。

2 授業づくりのポイント

相似は，中学校の図形の証明についての学習の中で，まとめ的な位置づけの内容です。この授業では，三角形と比の内容を利用して，三角形の角の二等分線の性質がいろいろな方法で証明できることを「ジグソー法」を通して実感させ，証明方法の広がりを楽しめるようにします。そのために，前時では，2辺の長さだけは共通にしていろいろな三角形をかかせ，その2辺からできる角の二等分線を作図しました。そして，作図したものを測定することを通して，三角形の角の二等分線の性質を予想し，証明させました。本時は，前時の学習を基にして，各自が相似な図形の性質を利用し，三角形の角の二等分線の性質を証明することに取り組みます。

3 学習指導案

時間	生徒の学習活動	教師の指導・支援
3分	1 前時の復習をする。	・前時に行った証明について，どのようにして証明することができたかを振り返る。 ・線分の比と相似な三角形の辺の比を結びつけて証明したことを確認する。
	課題　三角形の角の二等分線の性質をいろいろな方法で証明してみよう。	
10分	2 ジグソー・グループ（JG）になり，担当する図を決める。その後，個別に解決する。	・3人ずつのグループ（JG）で話し合わせ，担当を決めさせる。 ・前時の証明では，相似な三角形を見つけてその辺の比を利用したことを確認し，同じように考えることができないかを伝える。
15分	3 エキスパート・グループ（EG）になり，担当した図についての考えを共有し，証明を完成させる。	・4，5人ずつのグループ（EG）で考えさせる。 ・JGに戻ったときに説明できるように，どの生徒も責任をもって取り組むように促す。 ・グループ内での解決に行き詰まっているときには，どの三角形に着目すればよいかを伝える。 ・様子を見て，なかなか解決へ向かわないような場合には，他のグループからヒントをもらってもよいことを伝える。
10分	4 JGになり，EGで考えた証明について説明する。	・EGで話し合ったことを責任をもってJGで伝えさせるようにする。その際，自分の言葉で相手にわかりやすく話すように促し，適宜ホワイトボードなどを利用させる。 ・他の人の発表を聞く中で，わからないところや納得のいかないところがあれば必ず質問させるようにする。 ・聞く側には，後で聞いた証明方法についてまとめてもらうことを伝え，必要に応じてメモを取りながら聞くようにする。 ・説明をしてくれる人のワークシートを写さないように伝える。
10分	5 全体で考えを共有する。	・2つのグループに発表させる。あらかじめ図だけを用意しておき，それを利用して他の班の生徒も理解しやすいように，説明させる。 ・発表を聞く中で，わからないところや納得のいかないところは必ず質問させる。他の考え方がある場合には，発表させる。
2分	6 本時の学習を振り返る。	・学習を振り返り，どのように三角形と比の性質や相似な図形の性質を利用することができたかをまとめる。また，与えた図は補助線がかかれているが，補助線を引くことでどのような点がよかったかについても指摘させる。

4 授業展開例

前時は，2辺の長さが AB=6cm，AC=3cm の三角形を生徒それぞれがかき，∠BAC の二等分線 AD を作図しました。そして，各自の三角形について BD と CD の長さを測定し，$\frac{BD}{CD}$（比の値）を求め，それがほぼどの三角形でも一定の値「2」になることから，AB：AC=BD：CD となることを予想しました。そして，その予想を，右図を用いて証明しました。振り返りの場面では，証明された三角形の角の二等分線の性質とともに，証明の中で使われた図形の性質やそれをどのように使ったか，また，証明方法でポイントとなることも押さえました。

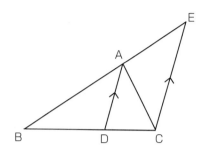

本時は，前時の振り返りを確認することから始めます。確認する内容は，三角形の角の二等分線の性質，すなわち今日の授業で証明する命題についてです。また，前回の証明ではどんな内容を利用して証明することができたのかとともに，証明する中でポイントとなったアイデアは何だったかも振り返ります。振り返る内容をまとめると，次のようになります。

- △ABC において，∠BAC の二等分線と辺 BC の交点を点 D とするとき，AB：AC = BD：CD となる。
- 三角形と比の性質を利用した（AB：AE = BD：CD）。
- 平行線の性質を利用し，等しい角を見つけた（∠BAD =∠AEC，∠DAC=∠ACE）。
- 2つの角が等しい三角形を見つけ，それが二等辺三角形であることを利用し，等しい辺の長さを移した（AE = AC）。

どんな性質をどのように利用したか，また，その性質を利用することにはどんなよさがあったのかを振り返ることは，本時で生徒たちが考えるための手だてとなります。前時の振り返りを確認し，課題を提示します。

課題 三角形の角の二等分線の性質をいろいろな方法で証明してみよう。

まず，3人のジグソー・グループ（JG）になり，どの図（次ページ図1〜3）を用いて証明するのかを JG 内で決めます。分担ができたら，まず個人で考える時間をとります。その後，同じ図で考えている生徒たちから構成されるエキスパート・グループ（EG）になり活動しま

す。ここでは，個人で考えたことを最初に共有し，その後，担当した図を利用した証明を完成させます。証明を考える中で，行き詰まったりするようなグループも出てきます。

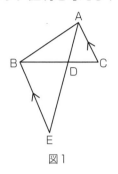
図1

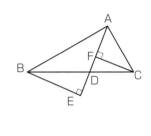
図2

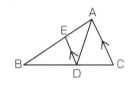
図3

図2を用いた証明に取り組むグループ

生徒A　△ABEと△ACFは直角三角形だよ。
生徒C　△ABEと△ACFは相似な三角形だよ。
生徒B　そうか，この2つの三角形の対応する辺の比がAB：ACになる。
生徒A　でも，BC：CDはどうするの…？
教　師　何に困っているのかな？
生徒C　△ABEと△ACFは相似だとわかって，この対応する辺の比がAB：ACなのですが，BD：CDをどこに見つければよいのかで困っています。
教　師　線分BDや線分CDが辺になっているような三角形を使うことはできませんか？
生徒A　そうか，△BEDと△CFDが相似になるといいんだ！
生徒B　対頂角だから，∠BDE＝∠CDFで，相似になる。
生徒C　△BEDと△CFDは相似だとわかったから，AB：ACとBD：CDがつながればいいんだけど…。
教　師　AB：ACやBD：CDと等しくなっている比を見つけることはできませんか？

　中には，証明の方針が立たないようなグループもありました。そのようなグループには，前時にどのような方法で証明したのかを確認したり，他のEGにヒントをもらいに行かせたりすることで，解決へと向かいました。
　EGでの活動の後，JGに戻り，3つの図による証明について互いに説明し合いました。その際，説明する生徒は立ってホワイトボードに図示しながら話させ，聞く生徒はメモを取りながら聞かせました。聞いた内容については，証明方法をレポートにまとめさせることとし，それぞれの生徒がアウトプットする場面を設定しました。

（鈴木　誠）

| 3年 | 図形 | | | 相似な図形 | | |

辺の比を求めるための
ポイントを考えよう！

	体験する	発見する	説明する	利用する	振り返る	発展させる	協働する
習得・活用・探究という学習プロセスの中での、問題発見・解決を念頭に置いた深い学び		○					
他者との協働や外界との相互作用を通じて、自らの考えを広げ深める、対話的な学び			○				○
子供たちが見通しを持って粘り強く取り組み、自らの学習活動を振り返って次につなげる、主体的な学び					○		

1 授業のねらい

相似な図形を用いて辺の比を求めるためのポイントを説明できるようにする。

2 授業づくりのポイント

生徒は，前時までに平行線と線分の比や中点連結定理などを学習しています。また，その学習過程において，与えられた図形の中に相似な図形を見いだし，その性質を用いて論理的に考察する取り組みを行ってきました。

本時は，補助線を用いて辺の比を求める課題に取り組ませます。課題を解決した後には，「辺の比を求めるために大切なこと」についての話し合いを取り入れます。ここでは，自分の考えを記述する時間はあえて取らず，話し合わせます。そうすることで，生徒は他の生徒の考えとかかわり，それを取り込みながら，自分の考えをよりよいものへと更新していきます。そのことが深い理解につながります。

3 学習指導案

時間	生徒の学習活動	教師の指導・支援
15分	1 問題を把握する。	・4人ずつのグループの形態で行わせる。
	問題1 長方形 ABCD の辺 BC の三等分点を K, L とし，CD の中点を M とします。いろいろな点を結んで2本の線分を引いてみよう。 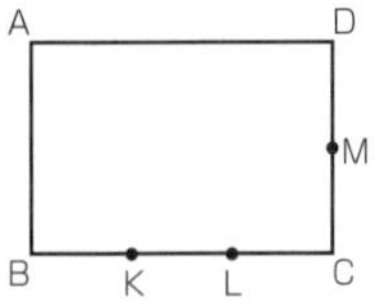	
	問題2 辺の比 AP：P□ を求めよう。	
		・生徒が問題1でかいた図を利用し，簡単な図から確認していくことで，相似な図形を見いだし，その相似比を利用していることを確認する。
10分	2 課題を把握・解決する。	
	課題 辺の比 AP：PC を求めよう。	
	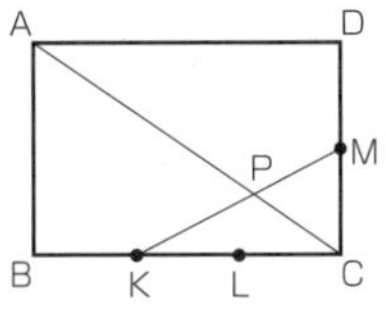	・生徒が問題2の活動の中で求められなかった図を課題として扱う。 ・考えがもてない生徒はグループ内で質問させる。 ・考えがもてた生徒については別の解き方を考えさせる。
15分	3 全体で考えを共有する。 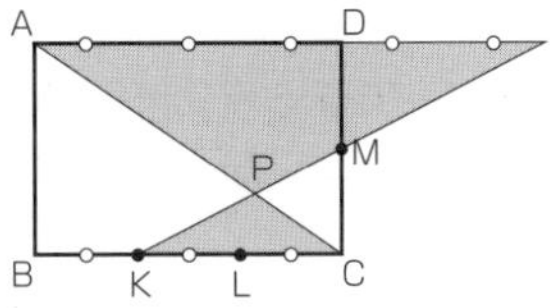 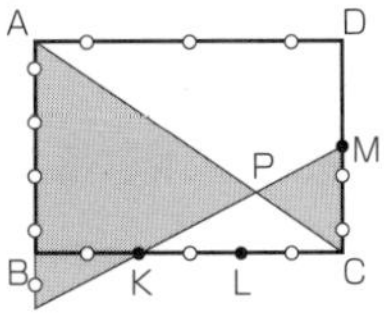	・「2色以上のペンを使って発表しなさい」などと指示し，与えられた図の中にある相似な図形や線分の比などに印をつけたうえで考えを発表させる。 ・発表を聞いていた生徒に発表内容を復唱させることで，内容が理解できているかどうかを確認する。 ・生徒の理解を助けるため，左図の上下の順（取り組む割合が多い順）に指名し発表させる。それ以外の考えについては，その後に発表させる。
10分	4 解法を振り返る。	
	話し合い 辺の比を求めるために大切なことは何だろう。	
		・自分の考えを記述したうえでの話し合いでは，その記述にとらわれ，他の生徒の考えを取り込むことができないため，記述せずに話し合わせる。 ・話し合いの後，それぞれの考えを聞き，更新した自分の考えをノートに記述させる。

4 授業展開例

問題1 いろいろな点を結んで2本の線分を引いてみよう。

生徒たちは，以下のように様々な線分を図にかき込みます。

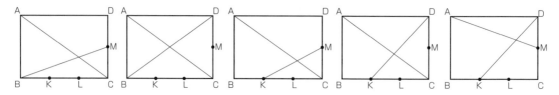

問題2 辺の比 AP：P□（□は下図左から L, C, C）を求めよう。

数名の生徒に黒板に掲示してある問題用紙に2本の線分を記入させます。その後，教師が交点を P と記入し，問題2を提示します。ここでは，解決する時間を与えず，求められるかどうかを全体に問いかけます。実際の授業では，下図（生徒への提示では塗りはない）の左側は9割程度，中央は6割程度，右側は3割程度の生徒が求めることができました。

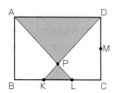 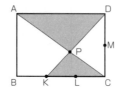 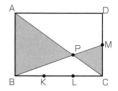

ここでは挙手が多かったものから全体で確認していきます。生徒に辺の比を発表させた後，その根拠となる相似な図形とその相似比をどのように求めたのかをていねいに確認（相似な図形に色を塗らせる，辺の長さに記号をかかせる，など）していきます。上記以外の図も，比が求めやすそうな図から順に同様に辺の比を確認していくことで，生徒たちは「図の中に相似な図形を見いだし，その相似比を求めればよい」ということを再認識します。

課題 辺の比 AP：PC を求めよう。

上記のように，辺の比を求めることができるようになっても，右図ですぐに求められる生徒は1～2割程度でした。ここで，この問題を本時の課題とします。ここでは，個への対応として，わからない生徒についてはグループの生徒の取り組みを参考にしたり，質問したりし

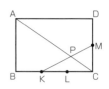

てもよいこと，比が求められた生徒については別の方法も考えることを指示しておきます。

　4割程度の生徒は，右図のような補助線を引き，相似な図形を生み出して解決することができました。補助線で相似な図形を生み出すことができず，自分で解決できない生徒でも，グループの生徒の補助線を参考にすることで解決できるよう支援します。

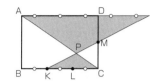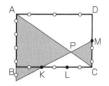

> **話し合い**　辺の比を求めるために大切なことは何だろう。

　全体で考えを共有しただけでは，数学における再現性は生まれません。つまり，課題で扱った図については補助線を引き，辺の比を求めることができるようになっても，それを他の問題に適用できるだけの理解は深まっていないのです。そこで，解決した後に話し合いを行うことで，生徒の辺の比の求め方にかかわる認識を深めていきます。

生徒A　相似な図形を利用すること。
生徒B　図の色のついたチョウチョウ型（相似な図形）を利用すること。
生徒C　私も相似な図形を見つけて利用することです。
生徒D　延長線や平行線をかいて相似な図形を見つけて利用すること。
教　師　どうして延長線とか平行線なの？
生徒D　延長線は対頂角，平行線は錯角が等しくなり相似な図形ができる。
生徒E　比を求めたい辺がすべて入っている相似な図形をかくといい。
教　師　どういうこと？
生徒E　比を求めたい辺が相似な図形で対応する辺になっていれば相似比が辺の比になるから，そういう図形を補助線を使ってかくようにすればいい。
生徒G　辺の比を求めるためには延長線や平行線を補助線として，辺の比を求める辺が対応する辺となるような相似な図形をかけばいい。そうすれば相似比を求めることで辺の比を求めることができる。

　事前に自分の考えを記述せないことで他の生徒の考えを取り込み，自分の考えを広げさせます（メモがあるとその発表会になり，他の生徒の考えにかかわらなくなるため）。話し合いを進める中で，言葉が足されたり，数学的な表現を取り入れたりすることで精緻化されていきます。このような，振り返りを通して数学における再現性が生まれます。

（後藤　義広）

3年　図形　円

条件に合う角度を見つけ出そう！

	体験する	発見する	説明する	利用する	振り返る	発展させる	協働する
習得・活用・探究という学習プロセスの中での，問題発見・解決を念頭に置いた深い学び		○					
他者との協働や外界との相互作用を通じて，自らの考えを広げ深める，対話的な学び			○				○
子供たちが見通しを持って粘り強く取り組み，自らの学習活動を振り返って次につなげる，主体的な学び						○	

1 授業のねらい

> 二等辺三角形の頂角（∠A）の半分の大きさになる角（∠P）を見つけ，点Aと点Pの関係を見いだして，論理的に考察できるようにする。

2 授業づくりのポイント

円周角と中心角の関係について生徒が自分なりに理解し，証明していくことを目指す授業です。このような授業を行うには，証明方法を考える前に，どんな活動を行うかが重要です。例えば，円周角の定義を説明した後に円周角の定理を証明する活動を入れても，生徒自身では証明することが難しい状況が多く見られます。これは，生徒の経験が少なく，円周角の定理の証明に二等辺三角形を思いつきにくいことが原因として考えられます。そこでこの授業では，まずABの延長線上に，∠BAC＝∠BPC×2になる点Pを1つ見つけさせます。そし

図1

て，なぜ∠BPCは∠BACの半分になるのかを説明させます。さらに「ABの延長線上以外に∠BAC＝∠BPC×2になる点Pはないのか」を問い，学びを深めていきます。最後に点Pをいくつもとることで点Pが同一円周上になりそうなことを視覚的にとらえさせます。

3 学習指導案

時間	生徒の学習活動	教師の指導・支援
3分	1 課題1を把握する。	
	課題1　AB＝ACである△ABCで，∠Aの大きさが次のとき，ABの延長線上に，頂角（∠A）の大きさの半分の角度になる点Pを見つけよう。 ①∠A＝90°（直角二等辺三角形）　②∠A＝60°（正三角形）　③∠A＝50°	
10分	2 まず個人で考える。次に，グループで考えを共有する。 3 正確な角度になっているかチェックカードで確認する。 4 なぜその点が半分の角度になるのかグループで考えさせる。	・できた角度をチェックカード（下図。厚紙で作成）で確認させる。 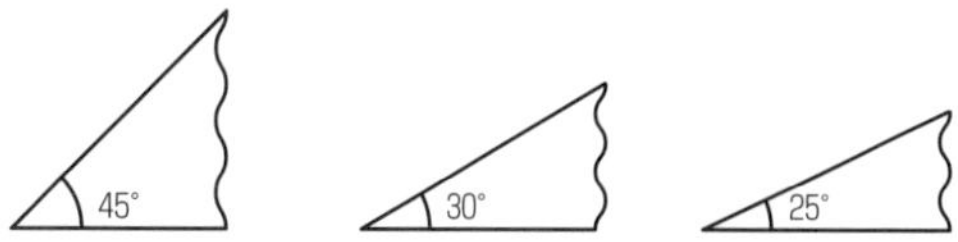 ・グループの代表が下のヒントカードを見に来て，その内容をグループにもち帰る。
7分	5 全体で説明する。	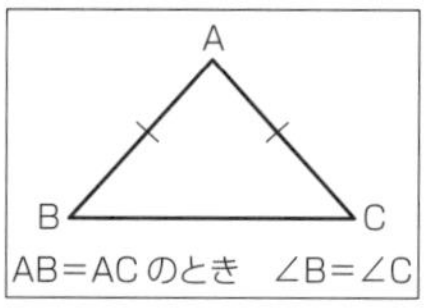 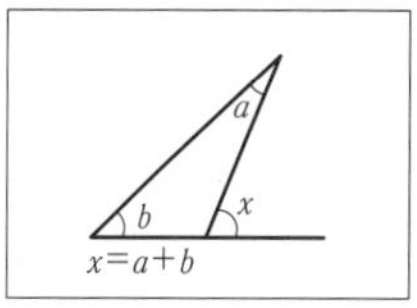 ・具体的な数で説明させる。その後，文字を使って説明させることで課題2につなげる。
3分	6 課題2を把握する。	
	課題2　頂角（∠A）の大きさの半分の角度になる点Pをさらに見つけよう。	
13分	7 まず個人で考える。次にグループにして考えを共有する。 8 正確な角度になっているかチェックカードで確認する。 9 なぜその点が半分の角度になるのかを説明する。	・試行錯誤で該当する点をいくつか見つけさせる。 ・課題1で用いた「二等辺三角形」と「外角」が使えることに気づかせる。
10分	10 全体で説明を発表する。	・該当する点をたくさんとることで，円になっていることを視覚的にとらえさせる。
4分	11 点Pがどのような点になっているか発表する。	

4 授業展開例

> **課題1** AB＝ACである△ABCで，∠Aの大きさが次のとき，ABの延長線上に，頂角（∠A）の大きさの半分の角度になる点Pを見つけよう。
> ①∠A＝90°（直角二等辺三角形） ②∠A＝60°（正三角形） ③∠A＝50°

　△ABCが直角二等辺三角形（図2）のとき，∠BAC＝90°だから∠P＝45°になる点Pを，試行錯誤を重ねる中で見つけます。そして，∠P＝45°になっているかチェックカードで確認します。

　次に，∠BAC＝60°（図3），∠BAC＝50°（図4）のときを考えます。この際，直角二等辺三角形（図2）のときを想起し，考えさせます。

　そして，図2〜4で，∠Pが∠BACの半分になっていることを具体的な数を用いて説明させます。その後，図4を文字で説明させ，∠Aがどんな角度でも言えることを確認します。

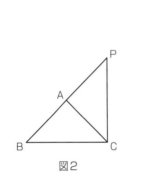
図2
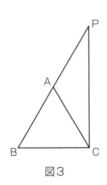
図3
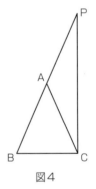
図4

> **課題2** 頂角（∠A）の大きさの半分の角度になる点Pをさらに見つけよう。

　生徒は試行錯誤を重ね，該当する点を見つけていきます。チェックカード（前ページ参照）を使用することで，該当する点を確認することはできますが，なぜその点が該当するのかを説明するところで考えが止まります。

生徒A　確かに，∠P＝45°になっているのだけど，どうやったら説明できるかなぁ…？
生徒B　わかっている角度が少な過ぎるよねぇ。
生徒A　あっ！　ブーメラン型（図5）が見えた。使えないかなぁ…。
生徒C　あの図（黒板に貼ってある図2）は使えないかなぁ…。

生徒B	わかる角度が45°と90°だけで，その後がうまくいかないよ…。
教　師	課題1で使った考え方は何だったかな？
生徒A	二等辺三角形と外角。
生徒C	点Aと点Pを結んだら（図6）…，△ABPは二等辺三角形じゃない？
生徒D	えっ，この図でPAとABは同じ長さだったの？
生徒C	測ってみようよ。やっぱり，PA＝ABになってる。
生徒B	あっ，わかった。私は，だいたいのところを点Pとしたんだけど，実はPA＝ABになるところが点P。そうすれば，∠Pは∠Aの半分になっていると思うよ。
生徒A	もしかして…，この図でPAを延長したら…。
生徒C	あっ！　これ，以前のブーメラン型の角度の計算の図と似てない？
生徒A	文字を使って，∠ABP＝a，∠ACP＝bとして考えてみたら…。
生徒D	△ABPは二等辺三角形だから，∠ABP＝∠APB＝aになるよね。
生徒C	△ACPも二等辺三角形！　AB＝ACでよかった！
生徒A	∠ACP＝∠APC＝bなので，∠BPC＝a＋b
生徒B	∠BAC＝∠ABP＋∠BPC＋∠PCA。これがブーメラン型。だから，∠BAC＝2a＋2b。それで，∠BAC＝∠BPC×2
生徒A	これって，∠Aが何度でも当てはまるね。
生徒B	△ABPも△ACPも二等辺三角形になるために，AB＝ACになってるんじゃないかなぁ…。
生徒C	そうだよ！　するどいなぁ。

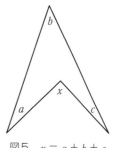

図5　$x = a + b + c$

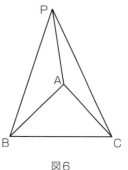

図6

　2年時の角度の計算の学習を思い出し，課題解決にたどり着いたグループがいくつかありました。また，説明できなかったグループもこのやりとりを聞き，「ブーメラン型ってあったよね。そんな勉強したなぁ」「二等辺三角形の底角を使えばいいのか」と説明に聞き入っていました。最後に，該当する点をいくつもとることで，その点がどんな集合になっているかを視覚的にとらえさせました。「円になっている」という言葉を次時の「円周角の定理」の学習につなげていきます。

（原田　壮一）

3年　図形　三平方の定理

面積が3㎠，6㎠，7㎠の正方形はかけるかな？

	体験する	発見する	説明する	利用する	振り返る	発展させる	協働する
習得・活用・探究という学習プロセスの中での，問題発見・解決を念頭に置いた深い学び		○					
他者との協働や外界との相互作用を通じて，自らの考えを広げ深める，対話的な学び			○				○
子供たちが見通しを持って粘り強く取り組み，自らの学習活動を振り返って次につなげる，主体的な学び				○	○		

1 授業のねらい

> 三平方の定理を活用して，いろいろな面積の正方形の作図方法を考えさせる。

2 授業づくりのポイント

　本時は，平方根の導入の授業で出た「面積が3㎠，6㎠，7㎠の正方形はかけるのだろうか」という疑問に改めて取り組むことがポイントです。この疑問は生徒から出たものなので，主体的に考えさせることができます。また，3年生の最初のころは解決できなかった問題が最後には解決できるようになっていることを実感させることができます。

　さらに，この疑問を解決した後「11㎠，12㎠，13㎠，…の正方形はかけるのだろうか」と発展的に考えさせることもポイントです。ここでは三平方の定理を活用するだけでなく，順序よく考えたりすでにわかっていることを活用したりする必要があることに気づかせることが大切です。

3 学習指導案

時間	生徒の学習活動	教師の指導・支援
5分	1 平方根の導入で行った活動を復習する。	・1cm方眼で面積が1㎠, 2㎠, 3㎠, …10㎠の正方形をかく活動を行ったことを想起させる。 ・面積が3㎠, 6㎠, 7㎠の正方形はうまくかけなかったことから本時の課題1を設定する。
	課題1　面積が3㎠, 6㎠, 7㎠の正方形はかけるだろうか。	
5分	2 個人で考える。	・「1cmの長さが与えられたとき, それぞれの正方形が作図できるか」という課題に言い換えて取り組ませる。 ・実際に作図しなくても, その方法が説明できればよいことを伝え, 作業の時間よりも考える時間を確保させる。
10分	3 全体で考えを共有する。	・3つの正方形の作図方法を代表生徒に発表させ, それらが作図できることを確認させる。 ・作図方法が複数ある場合, それらも発表させる。 ・他の人の発表を聞く中で, わからないところや納得のいかないところは必ず質問させる。
3分	4 課題2を知る。	・新しい問題が見つけられないか発問し, 課題2を設定する。
	課題2　面積が11㎠, 12㎠, 13㎠, …の正方形はかけるだろうか。	
5分	5 個人で考える。	・すでに作図できることがわかった長さを使って考えてもよいことを確認する。 ・それぞれの正方形の1辺だけが作図できていればよいことにして, 考えさせる。
20分	6 全体で話し合う。	・いろいろな考えを発表させ, それらについて吟味させる。 ・発表された意見を生かしながら, 面積がどんな自然数でも作図できることを説明できないかを考えさせる。
2分	7 本時の学習を振り返る。	・三平方の定理を学習したことで, 以前は解決できなかった問題が解決できるようになったことに気づかせる。 ・面積が分数で表される正方形は作図できるのかなど, 発展的なことも考えてみるよう促す。

4 授業展開例

平方根の導入で「面積が1㎠, 2㎠, 3㎠, …, 10㎠の正方形を, 1㎝方眼を使ってかいてみよう」という授業を行いました。面積が1, 4, 9㎠の正方形は簡単にかくことができますし, 2, 5, 8, 10㎠の正方形も少し工夫するとかくことができます。

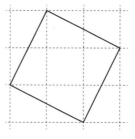
面積が5㎠の正方形

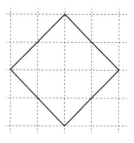
面積が8㎠の正方形

しかし, 面積が3, 6, 7㎠の正方形は1㎝方眼を使うだけではうまくかけませんでした。この授業の目的は, 1辺の長さが無理数になるような正方形の1辺の長さが何㎝なのかを考えることを通して, 長さがあいまいな線分が存在していることを理解させることだったので, 面積が2, 5, 8, 10㎠の正方形の存在を確かめられれば十分でした。しかし, 生徒には「面積が3, 6, 7㎠の正方形はかけるのだろうか」という疑問が残りました。そこで「この疑問は3年生の学習の最後のころに考えよう」と告げて授業を終えました。

本時は, 以上のことを生徒に想起させてから課題1を設定しました。

課題1 面積が3㎠, 6㎠, 7㎠の正方形はかけるだろうか。

生徒は1㎝方眼を使うだけではかくことが難しいことがわかっていたので, 課題1を「1㎝の長さが与えられたとき, それぞれの正方形が作図できるか」という課題に言い換えてから個人で考えさせました。その後, 面積が3, 6, 7㎠の正方形の作図方法を代表生徒に発表させ, 全体で考えを共有させました。以下は, このときに生徒から出された考えの一部です。

---

①∠A＝30°, ∠B＝60°, ∠C＝90°, BC＝1㎝の直角三角形ABCを作図し, ACを1辺とする正方形を作図すると面積が3㎠の正方形になる。
②①の正方形の対角線を1辺とする正方形を作図すると, 面積が6㎠の正方形になる。
③①の正方形の1辺をMNとし∠N＝90°, LN＝2㎝の直角三角形LMNを作図する。LMを1辺とする正方形を作図すると面積が7㎠の正方形になる。

ここまでで, 三平方の定理を活用すると面積が1, 2, 3, …, 10㎠の正方形が作図できることがわかりました。そこで, 新しい問題が見つけられないか発問し, 課題2を設定しました。

> 課題2　面積が11cm²，12cm²，13cm²，…の正方形はかけるだろうか。

　まず，それぞれの正方形の1辺だけが作図できればよいことを確認し，個人で考えさせました。生徒は自分ができそうな正方形から作図方法を考えましたが，面積が自然数で表される正方形はすべて作図できるのかについては，うまく説明できずにいました。

生徒A　直角をはさむ2辺がどちらも1cmの直角二等辺三角形を作図して$\sqrt{2}$cmをつくってから，直角をはさむ2辺が$\sqrt{2}$cmと3cmの直角三角形を作図すると$\sqrt{11}$cmが作図できます。

生徒B　$\sqrt{3}$cmの線分は作図できたから，それを2倍すれば$2\sqrt{3}=\sqrt{12}$だから，$\sqrt{12}$cmになるよ。

生徒C　私は直角をはさむ2辺が4cmと5cmの直角三角形を作図して$\sqrt{41}$cmができました。

生徒D　私も，ひとまず直角をはさむ2辺が自然数のときについて考えてみました。例えば，$\sqrt{9^2+4^2}=\sqrt{97}$だから$\sqrt{97}$cmの長さができることがわかります。

生徒A　自然数の組み合わせを変えれば，作図できる線分が増えるね！

生徒B　自然数以外の長さでも，もう作図できている長さを利用すれば，もっと増えそう！

生徒E　う～ん。でも，きりがないな…。

教　師　そうですね。長さが$\sqrt{(自然数)}$で表されるすべての線分について説明できるような方法はないでしょうか？もう少し順序よく考えたいですね。

生徒E　そっか，わかった！　$\sqrt{2}$から小さい順に作図すればいいんだ！

　このようにして三平方の定理を活用して「面積が自然数で表される正方形は，すべて作図できる」ことを説明することができました。

　最後に，「分数だったらどうなるんだろう？」という生徒のつぶやきを拾い，「面積が有理数で表される正方形についても考えてみよう」と新たな問いを投げかけて，授業を終えました。

(田中　真也)

| 3年 | 資料の活用 | | 標本調査 |

学校で購入する古語辞典を選ぼう！

	体験する	発見する	説明する	利用する	振り返る	発展させる	協働する
習得・活用・探究という学習プロセスの中での，問題発見・解決を念頭に置いた深い学び	○			○			
他者との協働や外界との相互作用を通じて，自らの考えを広げ深める，対話的な学び							○
子供たちが見通しを持って粘り強く取り組み，自らの学習活動を振り返って次につなげる，主体的な学び					○		

1 授業のねらい

標本調査によって，辞書の単語数を予想できるようにする。

2 授業づくりのポイント

標本調査は，生徒にとって馴染みのない言葉であるためか，単元の導入は教師の一方的な説明になりがちです。しかし，この単元も他単元と同様に問題解決によって学習内容を獲得していくことが求められています。

この授業（標本調査の導入）では，「2つの古語辞典のどちらを選ぶか」という状況を提示し，「どうすれば古語辞典の単語数を調べられるか」という課題を生徒と共に設定します。生徒の素朴な発想を取り上げ，「10ページの単語数の平均を基に算出する」という"下手な解決"をグループごとに行います。その解決方法を修正していく中で標本調査の概念を獲得させるとともに，標本調査には誤差があること，標本数が多い方が精度が高まることを見いださせます。

3 学習指導案

時間	生徒の学習活動	教師の指導・支援
10分	1 課題を設定する。	・「国語の時間に1人1冊使えるように，古語辞典を図書の予算で購入することになった。A古語辞典，B古語辞典の2つが候補にあがっている。どのようにして選択すればよいだろうか？」と状況を提示する。 ・意図的に指名し，「単語数が多い方」という意見を引き出す。 ・A古語辞典はカバーに単語数が書いてあるが，B古語辞典はカバーなどに単語数が書いていないことに気づかせ，以下の課題を設定する。
	課題1 どうすればB古語辞典の単語数を調べられるだろうか。	
5分	2 解決方法を見いだす。	・個人で考えさせた後，意図的に指名し，「適当な10ページの単語数を調べ，1ページの平均を求め，ページ数をかける」という方法を引き出す。
5分	3 班ごとに実験を行う。	・各班に辞典を配付する。まず，同じページを開き，数えるものを確認した後，実験を促す。
5分	4 実験を振り返る。	・実験結果からわかること，気づいたことを問い，ばらつきが大きいことを確認する。
	課題2 どうすれば調査結果のばらつきが小さくなるだろうか。	
5分	5 修正方法を見いだす。	・個人で解決方法を考えさせた後，少人数のグループでの交流・検討を促す。 ・学級全体で交流・検討を行う。
5分	6 班ごとに再実験を行う。	・ページ数を50ページに増やして実験を行うように促す。
5分	7 再実験を振り返る。	・実験結果からわかること，気づいたことを問い，精度は高まるが大変になることを確認する。
10分	8 本時の学びを振り返る。	・ねらいにかかわる記述を中心に，発表を促す。

4 授業展開例

校　　長「古典嫌いを何とかできないかね？」
国語教師「古語辞典を買っていいでしょうか？」
事務主任「どうせ買うなら，いいものにしてください」
と，生徒にとって身近な登場人物を出しながら，「国語の時間に1人1冊使えるように，古語辞典を図書の予算で購入することになった。A古語辞典，B古語辞典の2つが候補にあがっている。どのようにして選択すればよいだろうか？」と現実的な状況を設定します。

　選択の基準を生徒に問うと，「値段」「評判」「内容」「単語数」などがあがります。そして，客観的に評価できる「単語数」に焦点を絞ります。

　代表生徒に，A古語辞典，B古語辞典を実際に渡し，単語数を調べるように促します。A古語辞典は，カバーに単語数が掲載されていますが，B古語辞典は，カバーに単語数が掲載されていません。そこで，以下のような課題を設定しました。

> **課題1**　どうすればB古語辞典の単語数を調べられるだろうか。

生徒　出版社に電話する。
教師　では，電話してみよう。
　　　　…残念，担当の方がいないらしい。今日中に調べたいんだけど…。
生徒　ググる。
教師　現代人だね。ああ，なぜかネットがつながらない…。
生徒　全ページ調べる。
教師　すばらしい！　それなら絶対わかるね。これからしてみようか？
生徒　えー，無理。大変ですよ。
教師　そうですか，残念…。他に方法はありますか？
生徒　適当に何ページか調べて，平均をとって，ページ数をかければ出ます。
教師　なるほど。どう思う？　できそう？　じゃあ，何ページ調べますか？
生徒　10ページ。
教師　では，やってみましょう。

　意図的な指名による，このような対話の後，各班に辞典を配りました。最初に，同じページの単語数を数えることで，数えるものを統一しました。その後，実験を促しました。なおこの

段階では，乱数表などは用いずに，適当に開いたページの単語数を調べています。

各班の実験結果は以下のようになりました。

10ページ合計	295	305	315	331	306	328	321	341	286	296
全単語数	35666	36875	38084	40018	36945	39655	38809	41227	34577	35786

続いて，実験からわかること，気づいたことを問うと，「3.5万語〜4.2万語の間になりそうだ」「班によってばらつきが大きい。信用できないのではないか？」といった意見があがりました。

これらの意見を受け，「これから何をしたいですか？」と問うと，生徒から「もっと正確に値を調べたい」という声があがり，次の課題を設定しました。

課題2　どうすれば調査結果のばらつきが小さくなるだろうか。

個人追究の後に，グループで交流を促しました。すると，すべての班で「ページ数を増やせばよい」という意見が出ました。そこで，再実験として50ページ調べるよう促しました。

50ページ合計	1458	1456	1524	1539	1573	1569	1450	1461	1551	1518
全単語数	35254	35206	36850	37213	38035	37938	35061	35327	37503	36705

再び，実験からわかること，気づいたことを問うと，3.5万語〜3.8万語の間になりそうだ」「A古語辞典の4.5万語より少ないのは間違いないだろう」「精度は高まったけど，調べるのが大変になった」といった意見があがりました。

このような追究の後，振り返りを記述させ，ねらいにかかわる以下のような記述について発表を促しました。

- 全ページを調べなくても，一部を調べることで，全体を予想することができた。
- 10ページでは，正確な結果が得られないことが意外だった。
- ページ数を増やすことで，予想が正確になっていった。

このような生徒の自然な発想を生かした問題解決を通して，標本調査の概念と，標本の個数と予想の精度の関係について，獲得させることができました。

（関谷　卓也）

第3章

アクティブ・ラーニングを位置づけた中学校数学科の授業の評価

1 アクティブ・ラーニングにおける評価のポイント

❶数学的活動のゴールイメージをもち，目標と評価方法を生徒と共有する

　数学教育におけるアクティブ・ラーニングの中核であり，本質であるのが数学的活動です。「数学的活動を通して何を学ぶのか」。この目標と評価方法を生徒と共有することがアクティブ・ラーニングにおいて重要なことです。これまでも，単元指導計画とともに評価計画を位置づけた教育実践が行われてきたわけですが，目標と評価方法について教師と生徒が共有することは必ずしも十分ではありませんでした。しかも，アクティブ・ラーニングで重視されるものは，主体的に学習に取り組む態度や思考力・判断力・表現力など，見えにくい観点ですから，一層共有が求められます。特に心がけたいことは，**目指す生徒の具体的姿を描く**ことです。例えば，「方程式の解き方がわかる」ではなく，「$3x-2=5x-6$の解き方を等式の性質を用いて適切に説明できる」のように，意味がわかったと言える生徒の具体的イメージを描いたルーブリックを作成し活用します。アクティブ・ラーニングの過程や結果を質的に評価する方法として有効です。ルーブリックを活用した評価理論としてパフォーマンス評価論が参考になります。

❷マスタリー目標を重視した学習基盤を形成する

　アクティブ・ラーニングという教育思想を実現させる場として，話し合い活動やグループ活動など協同学習が位置づけられます。この協同学習が，ほどよい緊張感の伴う居心地のよい空間となるように，教師は仕事をしなければなりません。より確かで，深い広がりのある理解に向けて，自己変革しながら参加できるように，生徒個々の特性に応じた指導・支援が求められます。こうした指導・支援によって培われた学習基盤を基に，「数学的な見方や考え方」の育成が結実します。では，どのような指導・支援をしていけば，学習基盤が形成されるのでしょうか？

　達成目標論では，有能さに関連する活動を「マスタリー目標」と「パフォーマンス目標」に大別して考えます。マスタリー目標が「自分の能力を高めるために学習する」という目的意識を反映しているのに対して，パフォーマンス目標は「自分の能力に対してポジティブな評価を得る」ことなどが，活動の目的になっています。つまり，「マスタリー目標（mastery goal）が重視される学級では，努力すればするほど学習が深まり，技能が高まるという信念が共有さ

れているため，たとえ自分の能力に自信がない場合でも努力を惜しまないし，誤りや失敗はそのプロセスの一部として認識されることになる」（鹿毛2014）のです。このようなマスタリー目標を重視する学級風土づくりを目指して，評価を心がけます。つまり，過度にグループ間における問題解決のスピードや量の競争を煽るような評価ではなく，**相互評価のよりよいモデルとなるように，教師が新しい発見やグループの取り組み状況の進歩などに着目した評価を意図的に行います**。また，「話すこと」に注目がいきがちですが，それ以上に「聞くこと」や「聞き出すこと」の重要性を理解させるような指導も求められます。

❸ プロセスを可視化した評価で生徒の自己評価力を高め，評価主体に育てる

　アクティブ・ラーニングを位置づけた授業においては，学習の過程を評価する形成的な評価がこれまで以上に重要になってきます。そのため，**教師と生徒がプロセスを共有できるように，学習プロセスや評価プロセスを可視化する**ことが求められます。例えば，ポートフォリオ評価は，学習過程や評価過程を可視化できる有効な方法の１つです。板挟み（ファイル）に入れたレポートや作品を生徒自身で評価するだけでなく，仲間と共に評価をしたり，教師と共に評価をしたり，自己の学習過程や結果を振り返ることで，確かな学びとなります。こうした事実（エビデンス）に基づく評価を適時行うことで，自己評価能力が向上し，自身の進捗をとらえられるようになり，学習意欲の向上や学習方法の改善につながっていきます。これまで同様に教師が責任をもって評定することに変わりはありませんが，これからは評価主体を教師から生徒へと移行して，教師は生徒自身が妥当な評価ができるような指導が求められます。

❹ ICTを有効に活用し，評価業務が過度にならないようにする

　他者との協働や外界との相互作用を通したアクティブ・ラーニングを位置づけた授業を進めるうえで，ICTの活用が一層重要な視点となります。それは，授業場面における生徒のICT活用だけでなく，教師の評価ツールとしてICTを活用することも含んでいます。先に述べたようなプロセスを評価する際には，適時かつ継続的な評価資料の収集が課題となります。ICTは資料収集に画期的な貢献をします。例えば，ノートに書いたことをそのまま電子黒板に投影して，板書させる時間を削減させるだけでなく，強調したい部分を拡大したり，コメントを付加したり，集団討論における個々の意見の変容をリアルタイムで表示したり，記録したりすることも可能になっています。ノートの記述のような静止画だけでなく，活動の変化の様子を動画で記録することも可能です。反面多くの情報が簡単に手に入るために，**情報に押しつぶされないように，取捨選択して評価資料を集め，整理することが重要**になってくるでしょう。適切な情報収集と資料整理を行い，評価業務が過度にならないようにするアイデアが求められます。

2 アクティブ・ラーニングにおける評価の具体例

❶パフォーマンス課題を用いた評価

　パフォーマンス評価（真正の評価）とは，「大人が仕事場，市民生活，私生活の場で『試されている』，その文脈を模写したり，シミュレーションしたりする課題に取り組ませる中で，知識・技能を現実世界で総合的に活用する力を評価する」（石井2011）ものです。ここでは，パフォーマンス課題を授業の中に位置づけて評価する方法について，3年「2次方程式」を例に説明します。

　まず，「2次方程式」の単元目標「2次方程式について理解し，それを用いて考察できるようにする」を学習指導要領で確認します。「2次方程式とは何か，なぜ必要なのか」「具体的な事象について，2次方程式を用いて考察するにはどのようにすればよいか」などの「本質的な問い」に答えられるようになることが，生徒と共有したい単元目標であることがわかります。このような目標が達成された生徒の具体的な姿に対応する課題としてパフォーマンス課題を作成します。図1は，本質的問いの後半に対応させたパフォーマンス課題です。パフォーマンス課題には，課題に取り組む必然性や学習者の役割，パフォーマンスを示す相手，条件などを示します。そして，パフォーマンスの質を評価する予備ルーブリック（表1）を作成しておきます。予備ルーブリックを作成しておくことで指導の視点が明確になります。今回は，2観点×4段階のルーブリックにしましたが，状況

　あなたは宅地開発のプランナーです。このたび，新しく住宅地を造営することになりました。この住宅地は，縦60m横80mの長方形の形をしています。この住宅地を，下の図のように全15区画に分け，販売します。各区画は，どこも同じ幅の道に面してどの方角からも車の出し入れができるようにゆったりとした設計になっています。この住宅地の面積の $\frac{7}{12}$ が道路の面積です。あなたはプランナーとして，道路の工事を業者に委託しなければなりません。道の幅は何mにすればいいのか，明確な説明（計算）をつけて答える必要があります。A4判報告書1枚に記述してください。

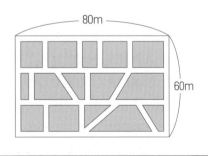

図1　パフォーマンス課題の例

表1 予備ルーブリック

尺度＼観点	数学的な推論	モデル化
4 大変よい	道幅を定義した上で，過不足なく明快な説明の中に，2次方程式を位置づけ，利用しながら適切な解を求めることができ，解の吟味を事象に当てはめ適切に行うことができている。	解決しやすい図形に変形して問題場面を単純化，理想化して正しく式を立式できている。
3 よい	道幅を定義することはできていないが，2次方程式を利用しながら適切な解を求めることができ，解の吟味を行っている。	単純化や理想化の説明はないが，正しく式を立式できている。
2 不十分なところがある	2次方程式を利用しながら考えられ得る適切な解を求めることができているが，解の吟味を行っていない。	図を変形して思考する表現や2次方程式を立式しようとする表現は見られるが，正しく表現できていない。
1 課題が多くある	問題解決に至らない方法で取り組んでいたり，何も記述できていなかったりする。	問題解決に至らない方法で取り組んでいたり，何も記述できていなかったりする。

表2 一般的ルーブリック

尺度＼観点	問題解決
4 大変よい	有効な方法を選択して，過不足なく明快な説明の中に，数学的な表現を用いて効率的に求めることができる。
3 よい	正しい方略を用いて，適切な解を求める計画を立てることができ，数学的な表現を用いて解決することができる。
2 不十分なところがある	部分的に正しい方略を選ぶことができている。もしくは課題の一部のみ正しい方略が選ばれている。
1 課題が多くある	問題に至らない方法で取り組んでいたり，何も記述できていなかったりする。

に合わせて観点の数や尺度を考えればよいでしょう。この時点でのルーブリックは，あくまでも原案としての意味合いをもち，後に再検討するものです。

　単元のはじめには，目標となる本質的な問いとパフォーマンス課題を生徒に提示します。ここでは予備ルーブリックは提示しませんが，より一般的なルーブリック（表2）は授業開きや単元はじめに提示しておきます。なぜなら，予備ルーブリックを単元はじめに示してしまうと解法を制限してしまうことにつながりますが，一般的なルーブリックを示すことで数学の問題解決における一般的な指針を示すことができ，そのような方略は繰り返し学習する中で，身につけてほしいからです。そして，実際にパフォーマンス課題に取り組ませて，現在の認知の状況を生徒に確認させるとともに，教師はレディネスを把握しておきます。課題を共有した後は，単元指導計画に沿って，随時アクティブ・ラーニングを取り入れて授業を展開していきます。この間には，はじめに提示したパフォーマンス課題について直接取り組むことはさせませんが，例えば，小単元終了時などに単元の本質的な問いについて，生徒の探究状況を確認するようにします。

　そして，単元の終末にパフォーマンス課題を用いたアクティブ・ラーニングに取り組ませます。個人でパフォーマンス課題に取り組ませた後，作品（答案）を回収し，4人グループで採点をします。採点をする作品がだれの作品かわからないようにしたうえで，他のグループに渡します。一人ひとり採点結果を付箋に書いて作品の裏に貼り，他の採点者にわからないようにします。この際，枠と評定尺度（4：大変よい，3：よい，2：不十分なところがある，1：課題が多くある）のみを与えて同じ点数の作品の特徴を記述して指標を作成していく方法もありますし，あらかじめ教師が作成したルーブリックにしたがって採点していく方法もあります。どちらにしろ，採点がずれた作品を協議し納得できる採点にすることが肝心です。ここで生徒

たちに考えさせたいのは，その作品が何点かということよりも，なぜ何点と判断するのかということです。このような話し合いによる作品検討会は，ルーブリックの妥当性を高めていくだけではなく，よりよい問題解決の方法を学ぶ場面であり，生徒の自己評価力を高める機会となります。さらに，評価結果を振り返ることで指導の改善に生かすことができます。

❷マスタリー目標を重視した授業内評価

　アクティブ・ラーニングという教育思想が実現させようとしている学習集団の姿は，一人ひとりが仲間とともに学びたいという意志をもったたくましい共同体の姿です。しかしながら，入学時は活発に発言をしていた生徒も学年進行に伴い手をあげなくなったり，クラスによって発言や取り組む姿勢などに差が見受けられたりすることも珍しくありません。

　このような状況で，たくましい共同体を形成するためには，まず「できた。わかった」と生徒が実感できる経験を積み重ねさせることが大切です。その前提には，生徒が目標達成に向けて行動を起こしていることが必要です。さらに，行動を起こすためには，行動を阻害する緊張や圧迫感，不安を取り除くように環境を整えることも必要となるでしょう。

　では，どのように教師がマスタリー目標を重視した評価をしていくのか具体的な授業場面で考えてみます。

（授業開始の時刻と共に教師が前に立ち，生徒が号令をかける）

教　師　お願いします。（礼をする）
　　　　　みんなが姿勢を正したくなる，この前よりいい号令でした。
　　　　　（黒板に，日付と小単元名「2次方程式の解き方」を板書する）
教　師　①〜④の2次方程式を解きなさい。問題をノートに書きましょう。
　　　　　① $x^2=25$　　② $x^2=10$　　③ $3x^2-6=0$　　④ $(x-3)^2=5$

（全員が②まで解けたところで）

教　師　グループになって答え合わせをしてください。司会は班長です。

3班の様子

生徒1　じゃあ，①から順に答え合わせをするよ。右回りでいい？
生徒2　いいよ。①は5。
生徒3　えっ!?　よく気をつけて…。
生徒2　あっ！　そうだった。±5。
生　徒　いいです。
生徒3　②は±$\sqrt{10}$。
生　徒　いいです。

生徒4　③は±$\sqrt{2}$。

生徒2　何で？

生徒4　説明していい？

(ここまでの3班の様子を観察して)

教　師　みんなちょっと答え合わせをやめてくれる？　いいね，4班は切り替えが早いね。助かるなぁ。

教　師　今3班の答え合わせの様子を見ていて，いいなぁと思ったところがあるから紹介しますね。司会の生徒1さんは，発表順を自ら提案しながら，無理強いすることなく同意を求めて進めていました。生徒2さんが答えを間違えたとき，「違う」と攻めるようないい方をせずに「よく気をつけて」と生徒2さんの気づきを促すように生徒3さんは声をかけていました。生徒2さんは，わからないところを放っておかずに，「何で？」とたずねることができていました。生徒4さんは生徒2さんに対して，すぐにやり方を説明するのではなくて，生徒2さんが考える時間や話す時間に配慮して，「説明していい？」と確認していました。このような素敵な話し合いができていました。じゃあ，答え合わせを続けてください。

(答え合わせが終了して)

教　師　では，確認をします。①の答えが5ではいけない理由は何ですか？

生徒5　2乗して25になる数は，正の数だけでなく負の数の場合もあるからです。

教　師　惜しいなぁ。もう少し説明を加えると，さらにいい説明になるんだけど…。

(生徒5の説明で十分であるとほとんどの生徒が思っている様子)

教　師　この問題は「2次方程式を解きなさい」という問題でした。「2次方程式を解く」とはどういうことですか？

生徒6　わかったぁ！

教　師　じゃあ生徒6さん，みんなにヒントになるキーワードを1つだけ言ってごらん。

生徒6　すべて。

教　師　すべてじゃなくて1つだけ言ってね。

生徒6　だから，すべて。

(笑いが起こる)

教　師　そうか，キーワードが「すべて」なんだね。うなずいている人が多くいたよ。いいキーワードだね。このキーワードを使って，となり同士で説明してみよう。

　それでは，教師の活動を振り返ってみましょう。全般に教師の評価が，学習者の達成や行為に随伴して伝えられています。また，生徒自身の成長や有能さや価値についての情報を伝えていることがわかります。このような根拠に基づく評価でないと，生徒の学習が促進されません。

また，下線を引いた教師の発言に見られるように，他者を意識した発言や行動を評価することで社会的絆を大切にしようとしていることがわかります。関係性の欲求が満たされるためには，この社会的絆を築くことが大切だと言われます。「他者を自分自身の満足のために操作すべき対象として見るのではなく，人間として，支援する価値のある能動的なエージェントとして認めながら関わっていくこと」を自律的サポートと言いますが，3班の発言は自律的サポートの様相を示しています。これらの行為を評価することで，学級の価値基準が形成され，学級が安心して生活できる居心地のよい空間に育っていくと考えます。

　生徒5と教師のやりとりも注目すべき評価場面です。生徒5の不完全な発言内容をより洗練された内容に高めてくために，「不十分です」や「もっと的確に表現しなさい」という威圧的な評価や「他にないですか」と曖昧な評価でもなく，「もう少し説明を加えると，さらにいい説明になるんだけど」と発言内容を振り返ることができるようなポジティブな評価になっています。学習意欲は個人の問題のように思われがちですが，自覚の有無を問わず所属する環境に影響される部分が多いと考えられます。教師の評価行為が，集団の雰囲気を醸造していることを自覚して指導にあたることを忘れてはなりません。

❸プロセスを可視化した評価

　評価は，1時間の授業に対する評価と年間（または単元）を通じた評価の2つに大きく分けることができます。ここでは，プロセスを可視化した評価の前者の事例としてICT（タブレット端末）を活用した評価を取り上げ，後者の事例としてポートフォリオ評価を取り上げます。

(1)タブレット端末を活用した評価

　様々な教科や領域について，タブレット端末（以下端末）を活用した事例が報告されています。数学科における評価においても，端末を授業支援ソフトと組み合わせることで，生徒の思考を即時にかつリアルに可視化し，グループや全体で共有することが可能になります。

　2年の図形の証明でよく取り上げられる教材「星形五角形の先端の角（以下，先端角）の和を求めよう」を例に見てみましょう。アクティブ・ラーニングでは，課題の発見・解決が強調されていますから，教師が星形五角形を提示して，「5つの先端角の和は何度になりますか？」と発問するのではなく，生徒自身が星形五角形に潜む先端角の性質に興味をもつような導入が求められます。本稿では，個人もしくはグループに1台端末がある場合を想定しています。まず，電子黒板に五芒星（正2.5角形）を提示して，五芒星の中にある角にどのような性質があるか調べさせます。いろいろな場所にある角の大きさを調べた後で，正五角形の1つの頂点を動かして見せ（図2），変化したところと変化しないところに着目させます。電子黒板に映した図をそのまま生徒の端末へ転送して，角の大きさを測定させます。転送する図をグループご

とに変えることも可能です。タブレットに直接大きさを書き込んだ1人の生徒（もしくはグループ）の図を電子黒板に映して，気づきを考えさせます。その結果，仮説の1つとして「星形五角形の先端角の和は180°である」が発見され，この命題がいつも成り立つことを証明します。グループ4人の端

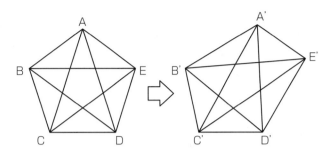

図2　星形五角形の先端角の性質

末を合わせて1つの大きな画面にし，シェアした図を自分の端末に戻す機能をもつソフトもあります。グループごとのアイデアを電子黒板に転送し，学級全体で考え方を整理していきます。

　このように端末を活用することで，従来板書にかかっていた時間を短縮して思考したり，説明したりする時間を増やし，図を大きく大画面に拡大することで全員が考えを共有しやすくなったりします。結果として，生徒が自分自身で形成的評価をすることを可能にします。

　電子黒板や端末で作業したデータはもちろん保存できるので，グループでの活動を見落とすことなく，少ない時間で記録することができます。生徒用端末がなくても，教師用タブレットの写真機能を活用して，生徒のノート記述をその場で提示したり，ノートの記述を生徒一人ひとりの名前と紐づけて保存し，授業後に時間をとり見直したりすることもできます。端的に言えば，端末を活用することで，従来の評価資料収集と比較すると評価材料の質と量を，飛躍的に高めることができるのです。結果として，教師の生徒への形成的評価の客観性や信頼性を高めることにつながります。しかし，教師がどの生徒やどのグループのアイデアを全体で取り上げるのか，授業の目的との連関を見失わないようにすることが，これまで以上に要求されます。また，多くの評価資料のどれを評定へつなげる資料とするのか評価計画をしっかり立てておくことは必須の条件です。

(2)ポートフォリオを活用した評価

　ポートフォリオには，学習の過程や成果を示す多様な資料が蓄積します。例えば，数学のテストの答案，パフォーマンス課題の作品（答案），レポート，作品，自己評価用紙，ノートのコピー，教師の指導と評価の記録など多くの資料が考えられます。通常のファイルと違うのは，蓄積した資料の中から自分の成長の記録として保存する資料を取捨選択して，系統的に整理する点です。筆者の実践では，ポートフォリオ用のファイルには，透明なクリアファイル（A4版32枚）を使っています。授業開きのときに，数学の授業を通してこの1年で達成したいこと，探究したいことなど各自の目標を書いたA4の紙をファイルの1枚目に入れます。透明なクリアファイルですから，いつでも目標を確認できます。

　このポートフォリオに全員が共通して入れているものは，単元テストや定期テストとそのと

きの「診断カルテ」です。診断カルテとは，テストにおける自分の誤答，なぜ間違えたのかどうすれば次に間違えなくなるのかについての自己考察，そして，誤答した問題の類題とその解法を記述した用紙です（図3）。パフォーマンス課題とその作品，数学レポート，敷き詰め模様やパスカルの三角形などの制作物や統計コンクールの作品，算額コンクールの作品，立体的な作品などアクティブ・ラーニングの制作物としての写真も入れます。レポートテーマには，数学論文コンクールの課題から選んだテーマ，「正六角形のいくつかの頂点同士を結んでできる図形を分類し，その結果を整理発展させてください」や筆者が与えた課題「芳賀の第二定理を拡張しなさい」もあれば，自由にテーマを設定して探究していったものもあります。

学期の終わりには，ポートフォリオを振り返り，整理しながら，自己評価用紙に自分が努力

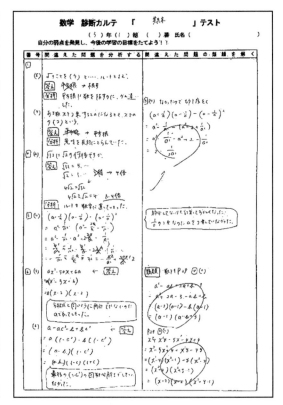

図3　診断カルテの例

したことを中心に記述させます。このような種々の資料を時系列でポートフォリオに入れていき，期末テスト後にこれを用いて面談をします。生徒の努力した点を生徒に表現させて，そのうえで生徒が気づかなかった成長や仲間の声を伝えます。学級の人数が多い場合や時間を十分確保できない場合には，グループごとに面談することもあります。1年の終わりには，A3版1枚の白紙にポートフォリオを再構築させます。特に自己の成長の証となる資料，例えば，この問題につまずいたことが理解を深めたといえる診断カルテの記録の一部や苦労した作品や解説などを写真に撮り切り貼りさせます。

ポートフォリオを学校全体で取り組む場合には，生徒にとって過度の負担とならないように，ファイルがかさばらないよう置き場所を考えたり，調整したり，面談の方法やポートフォリオのルールを考えたりすることが大切です。

【引用・参考文献】
・石井英真（2011）『現代アメリカにおける学力形成論の展開　スタンダードに基づくカリキュラムの設計』（東信堂）p.68
・鹿毛雅治（2014）『学習意欲の理論』（金子書房）p.273
・西岡加名恵・田中耕治編著（2009）『「活用する力」を育てる授業と評価　中学校　パフォーマンス課題とルーブリックの提案』（学事出版）

（神原　一之）

【執筆者一覧】

江森　英世（群馬大学教育学部）

松尾　賢宏（東京都葛飾区立新小岩中学校）
板橋眞紀子（神奈川県川崎市立塚越中学校）
三戸　　学（秋田県八郎潟町立八郎潟中学校）
高山　琢磨（東京都町田市立町田第一中学校）
菅原　　大（北海道教育大学附属旭川中学校）
村井　快彰（茨城県つくば市立さくら学園桜中学校）
楳木　敏之（熊本市立西原中学校）
小野田啓子（東京学芸大学附属竹早中学校）
石綿健一郎（東京都世田谷区立用賀中学校）
吉村　　昇（熊本大学教育学部）
谷地元直樹（北海道旭川市立永山南中学校）
松永　憲治（熊本市立白川中学校）
後藤　義広（愛知県愛西市立佐屋中学校）
佐藤　宏行（岩手県立一関第一高等学校附属中学校）
佐々木　亘（岩手大学教育学部附属中学校）
田中　真也（宇都宮大学教育学部附属中学校）
宇治野忠博（宮崎県日向市立日向中学校）
浜田　兼造（埼玉県さいたま市立大宮南中学校）
鈴木　　誠（東京学芸大学附属世田谷中学校）
原田　壮一（福岡県北九州市立永犬丸中学校）
関谷　卓也（新潟市立鳥屋野中学校）

神原　一之（武庫川女子大学文学部）

【編著者紹介】

江森　英世（えもり　ひでよ）

1959年東京都生まれ。埼玉県高校教員，筑波大学大学院博士課程教育学研究科，関東学院大学工学部助教授，宇都宮大学教育学部助教授を経て，現在，群馬大学教育学部教授。タイ王国コンケン大学客員教授。博士（教育学）。

専門は数学教育学「数学的コミュニケーション論」。

主な著書・論文に，「算数・数学授業のための数学的コミュニケーション論序説，2012，明治図書」「数学学習におけるコミュニケーション連鎖の研究，2006，風間書房」「数学の学習場面におけるコミュニケーション・プロセスの分析，1993，数学教育学論究，59，3-24」「数学的コミュニケーション参画者の認知過程，2000，数学教育学論究，73・74，27-56」「数学的コミュニケーションの創発連鎖における反省的思考と反照的思考，2010，科学教育研究，34(2)，71-85」などがある。

受賞歴には，第1回群馬大学ベストティーチャー賞最優秀賞（2007），The Marquis Who's Who in the World 27th Edition（2010），28th Edition（2011），& 29th Edition（2012），2000 Outstanding Intellectuals of the 21st Century（2010 & 2011）がある。

社会的活動として，文部科学省学習指導要領改訂協力者会議委員（中学校数学：2006.7～2008.8）がある。

アクティブ・ラーニングを位置づけた
中学校数学科の授業プラン

2016年7月初版第1刷刊　Ⓒ編著者　江　森　英　世
　　　　　　　　　　　　発行者　藤　原　光　政
　　　　　　　　　　　　発行所　明治図書出版株式会社
　　　　　　　　　　　　　　　　http://www.meijitosho.co.jp
　　　　　　　　　　　　（企画）矢口郁雄　（校正）大内奈々子
　　　　　　　　　　　　〒114-0023　東京都北区滝野川7-46-1
　　　　　　　　　　　　振替00160-5-151318　電話03(5907)6701
　　　　　　　　　　　　ご注文窓口　電話03(5907)6668

＊検印省略　　　　　　　組版所　長野印刷商工株式会社

本書の無断コピーは，著作権・出版権にふれます。ご注意ください。

Printed in Japan　　　　　　　　　　ISBN978-4-18-255121-5

もれなくクーポンがもらえる！読者アンケートはこちらから　→

中学校数学科 学び合い授業スタートブック

ペア，スタンドアップ方式，4人班でつくる！

武藤寿彰 著

先生が解説するだけの授業，生徒はウンザリしていませんか？

苦手な生徒のために丁寧に解説したら，最初からわかっている生徒だけ理解を深めていた。そんな授業に限界を感じたら，生徒の力をもっと活用しませんか。ペア，スタンドアップ方式，4人班の組み合わせで，基礎基本の習得から発展課題まで，あらゆる場面をカバーします！

Contents

第1章 なぜ，学び合いを取り入れるのか

第2章 学び合いのいろいろな形態

第3章 学び合いを位置づけた各学年の授業事例（計22本）

136ページ　A5判　2,000円+税

図書番号：1844

明治図書　携帯・スマートフォンからは **明治図書ONLINE** へ　書籍の検索，注文ができます。▶▶▶

http://www.meijitosho.co.jp　＊併記4桁の図書番号（英数字）でHP，携帯での検索・注文が簡単に行えます。

〒114-0023　東京都北区滝野川7-46-1　ご注文窓口　TEL 03-5907-6668　FAX 050-3156-2790

＊価格は全て本体価格表示です。